KB212379

의식상승시리즈 16

의통의 시대를
시작하며

우 데 카 지음

빛의생명나무

3부. 몸에 숨겨진 우주의 비밀

4부. 빛의 몸과 미래의 인류

5부. 인류가 모르는 기경십맥의 비밀

의통의 시대를 시작하며

의통의 시대란
인간(치유자)의 몸을 빌어
하늘의 빛을 이용하여
하늘의 에너지체들을 통해
인간의 질병을 치유하는 것을 말합니다.

의통의 시대란
하늘의 빛을 이용하여
빛의 에너지장 속에서
빛의 속성을 이용하여
인간의 질병이 치유되는 시대를 말합니다.

의통의 시대란
하늘의 에너지체들을 통해
하늘과의 소통속에 하늘과의 조율속에
의식을 통해 시간과 공간을 초월하여
인간의 질병을 치유할 수 있는 시대를 말합니다.
생각만으로도 시간과 공간을 초월하여
인간의 질병을 치유할 수 있는 시대를 말합니다.
말의 권능으로 시간과 공간을 초월하여
인간의 질병을 치유할 수 있는 시대를 말합니다.

의통의 시대란
하늘과의 소통속에 하늘과의 조율속에
빛 치유를 통해 경락 차크라 치유를 통해
에너지장 치유를 통해
인간의 질병이 치유되는 시대를 말합니다.

의통의 시대란
만물과의 대화를 통해
광물이 가진 특성을 이해하고
광물이 가진 약성을 파악하여
인간의 질병을 예방하고 치유하는 시대를 말합니다.

의통의 시대란
만물과의 대화를 통해
식물과의 대화를 통해 식물과의 소통을 통해
식물이 가진 약성을 파악하고
식물이 가진 특성을 파악하여
인간의 질병을 예방하고 치유하는 시대를 말합니다.

의통의 시대란
만물과의 대화를 통해
동물과의 소통을 통해 동물과의 대화를 통해
동물이 가진 특성을 파악하고
동물이 가진 약성을 파악하여
인간의 질병을 예방하고 치유하는 시대를 말합니다.

의통의 시대란
하늘과의 소통속에 하늘과의 조율속에
인간의 질병을 치유하고
인간의 생명을 연장하고
인간의 생명을 부활시키고
인간의 몸을 회춘시키고
인간의 몸이 늙지 않고 살 수 있는 시대를 말합니다.

의통의 시대란
인간의 몸이 늙지도 않고
인간의 몸이 창조될 때의 기대수명인
최소 천 년에서 최대 3천 년 이상을 살 수 있는 시대를 말합니다.
의통의 시대란
인간이 죽지 않고 영원히 살 수 있는
영생의 시대를 말합니다.

의통의 시대란
하늘과 인간이 소통되는 영성의 시대를 말합니다.
의통의 시대란
눈에 보이지 않는 하늘이
눈에 보이는 하늘로 드러나는 시대를 말합니다.
의통의 시대란
인황의 시대가 시작되었음을 말합니다.
의통의 시대란
하늘이 땅으로 내려왔음을 뜻합니다.

의통의 시대란
선천의 물질문명이 종결되고
후천의 새로운 정신문명이 시작되었음을 말합니다.

우데카 팀장은
하늘과의 소통속에 하늘과의 조율속에
에너지장 치유를 통하여
경락 차크라 치유를 통하여
빛의 치유를 통하여
의통의 시대를 시작할 것입니다.

우데카 팀장은
하늘에서 준비한 빛의 일꾼들과 함께
빛의 생명나무 회원들을 대상으로
이미 의통의 시대가 시작되었음을 전합니다.
우데카 팀장은
의통의 시대를 열기 위한
하늘의 모든 준비가 마치는 대로
의통의 시대를 시작할 것입니다.

시절인연이 있는 인자들을 위해
이 글을 기록으로 남깁니다.

2019년 2월
우데카

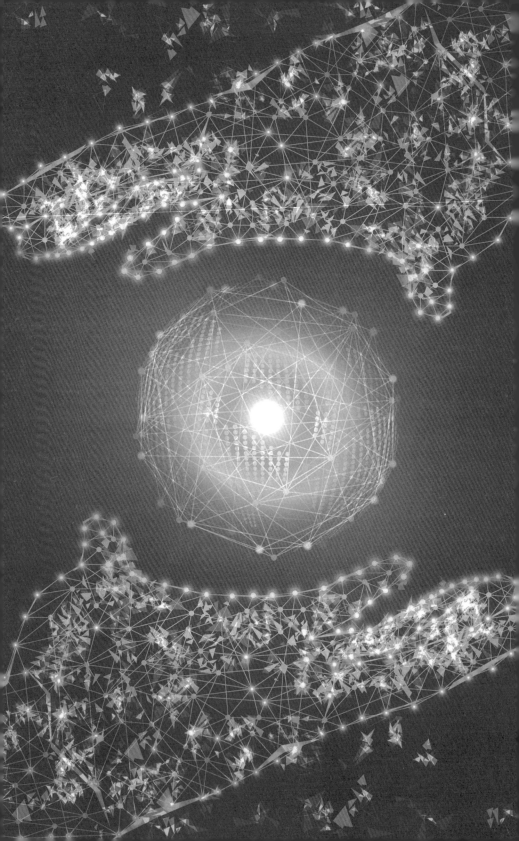

제1부 **생명창조의 원리**

모든 생명체들은 하늘에서 창조되었습니다.
모든 생명체들은 우주 공학기술로 창조되었으며
보이지 않는 세계의 관리 시스템 속에서
생로병사의 주기를 하늘과 함께하고 있습니다.
우주가 진화한다는 것은
새로운 생명체들이 계속해서 만들어지고
생명체를 관리하는 시스템도 함께 진화하는 것입니다.

인간이 창조된 하늘의 차원

인간은 창조주의 의식 안에서 창조되었습니다.
인간은 파라다이스의 빛의 생명나무 관리자들에 의해
창조되었습니다.
인간은 파라다이스의 의사 그룹인 라파엘 그룹에 의해
창조되었습니다.

인간의 생명회로도는
18차원의 생명창조팀 공동으로 18차원 기술로 창조되었습니다.
인간의 감각 기관들의 핵심 기술들과 뇌의 핵심 기술들은
빛의 생명나무팀에 의해 18차원 기술로 창조되었습니다.
18차원의 생명창조팀 소속 빛의 생명나무팀에 의해
인간의 몸에 설치되는 무형의 기계장치들이
설계되고 창조되었습니다.

18차원의 생명창조팀 소속
하늘의 의사 그룹인 라파엘 그룹에 의해
인간의 감정과 의식이 구현되는 원리와
인간의 감각 기관들에 대한 연구와 창조가 이루어졌습니다.
18차원의 생명창조팀 소속
생명체의 외투 창조팀에 의해
인간의 외형이 디자인되어 창조되었습니다.

인간의 감정과 의식을 통합하는
메타 휴머노이드 의식구현 시스템은
17차원의 전문 천사그룹들에 의해
17차원의 우주 공학기술로 창조되었습니다.

인간의 뇌의 구조와 뇌의 연산 기능들은
17차원의 전문 천사그룹들에 의해
17차원의 우주 공학기술로 창조되었습니다.

인간의 근골격계와 신경계 시스템은
15차원의 우주 공학기술자들에 의해
15차원의 우주 공학기술로 창조되었습니다.
인간의 오장 육부의 장기들은
15차원의 우주 공학기술자들에 의해
15차원의 우주 공학기술로 창조되었습니다.

인간의 감정을 구현하는 메커니즘은
15차원의 우주 공학기술을 담당하고 있는
전문 엔지니어 그룹들에 의해
15차원의 우주 공학기술로 창조되었습니다.
인간의 의식을 구현하는 메커니즘은
15차원의 우주 공학기술을 담당하는
전문 천사그룹들에 의해
15차원 우주 공학기술로 창조되었습니다.

인간의 경락 시스템은
15차원의 전문 천사그룹들에 의해
15차원의 우주 공학기술로 창조되었습니다.

인간의 탄생은
창조주의 의식에서 창조주의 의지에 의해
무극과 태극에 있는 전문 천사그룹들에 의해
최고의 우주 공학기술에 의해 이루어졌습니다.

인간이 무극과 태극의 세계에서 창조된 후
삼태극의 물질세계를 관리하는
11차원과 9차원의 우주 공학기술로
공(空)의 세계에서 창조된 인간이
기(氣)의 세계에서 창조된 인간이
색(色)의 세계에서 인간의 탄생이 이루어졌습니다.

인간의 탄생은 임신과 출산을 통해 이루어집니다.
임신과 출산은 17차원의 우주 공학기술로
자동화 프로그램이 되어 있습니다.
삼태극의 물질 세상에서
임신과 출산의 자동화 프로그램이 잘 작동될 수 있도록
11차원에서 관리를 맡고 있으며
9차원 에너지체들이 보이지 않는 손이 되어
인간의 임신과 출산이 하늘에 의해 관리되고 있습니다.

인간이 창조되고
인간이 탄생되는 생명 탄생의 비밀을
하늘과의 소통속에
하늘과의 조율속에
기록의 필요성이 있어
우데카 팀장이 기록으로 남깁니다.

우주 창조의 원리 도가사상에 대한 정리

만물이 창조되는 원리는 다음과 같습니다.

기가 생기기 이전을 태역(太易)이라 합니다.
태역에서 기가 탄생하는 것을 태초(太初)라 합니다.
기(氣)에서 정(精)이 탄생됩니다.
기에서 정이 탄생되는데 이것을 태시(太始)라 합니다.
정에 신(神)의 기운이 깃들어 정기신의 합일이 이루어집니다.
정기신의 합일을 통해 세상 만물은 창조됩니다.
정기신의 합일을 통해 물질 세상이 탄생되는데
이것을 우리 조상들은 태소(太素)라고 하였습니다.

무극과 태극의 보이지 않는 세계를 태역이라 하였습니다.
무극의 세계가 태극의 세계로 펼쳐지는
우주 창조의 원리를 우리 조상들은 태역이라 인식하였습니다.

태극의 세계에서 삼태극의 물질세계가 탄생하였습니다.
태극의 세계에서 삼태극의 물질세계가 펼쳐지는 원리를
관세음(觀世音)의 세계라 합니다.
관세음의 세계는
물질세계에 펼쳐진 빛과 소리와 형상은
모두 하나에서 출발하였으며 하나에서 시작되었다는 뜻입니다.

빛과 소리와 형상의 세계가 바로 물질 세상이며
물질 세상의 기원이 바로 태극의 세계입니다.

관세음은 우주에서 태극의 세계를 말합니다.
관세음은 비물질세계인 13차원을 말합니다.
관세음은 물질계를 관리하고 감독하는 차원을 말합니다.
태극의 세계는 음양과 오행의 세계이며
삼태극의 세계는 삼양 삼음과 육기의 세계입니다.

무극의 세계를 순수한 공(空)의 세계라 합니다.
태극의 세계를 순수한 기(氣)의 세계라 합니다.
삼태극의 세계를 순수한 색(色)의 세계라 합니다.
삼태극의 세계의 시작은 기에서 기원합니다.
물질세계의 기원은 기입니다.
기가 탄생되기 전의 상태를 태역이라 합니다.

태역의 상태에서
순수한 공의 세계에서 창조주에 의해
우주를 창조하고 물질을 창조하기 위한
조물 작용이 일어납니다.

태역의 상태에서
순수한 기의 세계에서 창조주에 의해
물질을 탄생시키기 위한
조물 작용과 에너지의 작용이 일어납니다.

태역의 상태에서

색의 세계에 물질이 창조되고

색의 세계에서 물질이 탄생되기 위해서

기의 탄생을 위한 조물 작용과 에너지 작용이 준비됩니다.

이것을 무형의 종자라고 하였으며

이것을 오행에서는 수(水)라고 합니다.

수는 만물의 근원이며

수는 생명의 근원이며

수는 화(火)의 근원이 됩니다.

이것을 관세음이라 하였습니다.

태초에 기가 탄생되었습니다.

태초에 물질의 기원인 기가 제일 먼저 태동되었습니다.

태초에 물질의 토대가 되는 빛이 탄생되었습니다.

태초에 물질의 토대가 되는 소리가 탄생되었습니다.

태초에 탄생된 기를 물질세계에서는 화(火)라 합니다.

화는 기가 품고 있는 만물의 종자가

싹이 되어 나오는 형태를 말합니다.

태시에 기에서 정이 탄생되었습니다.

태시에 정에 신이라는 고진동의 영 에너지가 결합하여

정기신의 에너지 작용이 이루어졌습니다.

태시에 정기신의 에너지 작용에 의해

형상(모양)이 있는 만물들과 생명체들이 탄생되었습니다.

태시에 만물의 형상이 탄생되었습니다.

태시는 싹이 꽃을 피우는 형국이라
이것을 목(木)이라 하였습니다.

태소의 때에
금화교역의 작용으로 인하여
만물이 성장하고
만물의 성장 뒤에 열매를 맺게 됩니다.
태소의 때에
정기신의 온전한 합일이 이루어지며
만물은 열매를 맺고
생명은 후손을 남기게 됩니다.
태소의 때에
만물이 열매 맺게 하는 작용을
금(金)이라 하였습니다.

신(神)의 기틀은 장상(臟象)이 되고
장상은 색(色)으로 발현이 되고
색은 신의 깃발이라

대우주의 창조 원리와 생명 탄생의 원리의
대우주의 비밀을 전합니다.
우데카 팀장이 정리의 필요성이 있어
이 글을 기록으로 남깁니다.

금화교역에 대한 정리

수승화강(水昇火降)이란
인체 내에서 심장의 화(火)의 기운은 아래로 내려오고
신장의 물(水)의 기운은 위로 올라가는
에너지 교류를 의미합니다.

숙강지기(肅降之氣)란
인체 내에서 상승하는 화(火)의 기운과 발산하는 열(熱)을
가마솥의 솥뚜껑이 열을 식혀서
아래로 내려보내는 작용을 말합니다.

숙살지기(肅殺之氣)란
자연에서 가을의 차가운 기운인 서리가
모든 생명체들을 죽이는데
이것을 숙살지기라 합니다.

금화교역(金火交易)이란
자연에서 금(金)의 기운과 화(火)의 기운 사이에 일어나는
자연 생태계에서의 에너지 교류를 말합니다.
금의 기운은 숙강지기와 숙살지기의 성질을 가지고 있습니다.
화의 기운은 생명을 성장시키는 성질을 가지고 있습니다.

금은 차가운 성질이며 한(寒)을 의미합니다.

금은 차가운 성질이며 조(燥)를 의미합니다.

화는 뜨거운 성질이며 열(熱)을 뜻합니다.

화는 뜨거운 성질이며 습(濕)을 뜻합니다.

금화교역이란 자연계에서

생명체가 양적인 성장을 멈추고

질적인 변화를 이끌어내는 에너지를 말합니다.

금화교역이란 자연계에서

식물이 양적인 성장과 함께

질적인 변화(열매)를 맺게 해주는 역할을 말합니다.

금화교역은 자연계에서 일어나는

양질전환의 법칙을 설명하는 동양철학적 원리를 말합니다.

금화교역은 자연계에서 발생하는

대기의 순환과 해류의 순환을 설명하는

동양철학의 원리를 말합니다.

금화교역은 자연계에서 일어나는

자연 현상을 설명하는 용어입니다.

음의 기운속에는 양의 기운도 함께 들어있으며

양의 기운속에도 음의 기운이 함께 작용하여

자연의 변화가 일어난다는 철학적 원리를 설명할 때

금화교역이라는 말을 사용합니다.

금화교역은

고요함 속에 움직임이 있다는 정중동(靜中動)과

움직임 속에 고요함이 있다는 동중정(動中靜)의
미묘하고 고요한 변화를 설명할 때를 말합니다.

식물은 때가 되면 자라고
식물은 때가 되면 열매를 맺습니다.
모든 것이 자연의 순리 안에서 일어나는 일입니다.
자연의 순리 즉 저절로 일어나는 생명의 순환력을 설명하는
동양철학의 용어 중에 금화교역이 있습니다.

화의 기운은 덥고 습하고
금의 기운은 차고 건조한 성질을 가지고 있습니다.
자연계에서 화의 기운과 금의 기운이 서로 만나
균형이 이루어지는 추상적인 모습을 금화교역이라고 말합니다.

열대지방에서 나는 과일은 껍질이 두껍고
과육이 무른 특징이 있습니다.
화의 기운이 강한 열대지방의 과일들은
습이 많은 지역이라 형태를 보존하기 어렵기 때문에
과일의 껍질들이 단단해질 수밖에 없습니다.
습은 형태를 무너트립니다.
뚱뚱한 사람은 마른 사람에 비해 모양(형태)이 무너져 있습니다.
화는 습하고 열이 많은 기운이기에
반대 기운인 금의 기운이 반드시 있어야
열매를 맺을 수 있는 것이 자연의 이치입니다.

열대지방에 나타나는 낮과 밤의 기온 차이에 의해
식물들은 열매를 맺을 수 있습니다.
화의 기운만 가지고는 열매를 맺을 수가 없다는 것이
동양의 음양론(陰陽論)이며 금화교역이 갖는 철학적 원리입니다.

열대지방에서의 금화교역은
낮과 밤의 온도 차이에 의해 발생합니다.
열대지방의 과일을 겉에는 딱딱하고 단단하게 하는 작용은
금의 기운이 담당합니다.
열대지방의 과일은 속이 부드럽고 연합니다.
이것이 열대과일 속에 나타난 금화교역의 결과입니다.

중위도 지방에서의 금화교역은
낮과 밤의 온도 차이와 함께
계절간의 기후 변화에 의해
금화교역이 더 강하게 나타나게 됩니다.
서로 다른 성질을 가진 두 에너지의 차이와
서로 다른 성질을 가진 두 에너지 사이의 교역이
자연계에 살고 있는 모든 생명체들에게
광범위하게 영향을 미치고 있는데
이것을 금화교역이라고 합니다.

금화교역은 음양론의 한 형태입니다.
금화교역은 한열(寒熱)과 조습(燥濕)의 순환을 말합니다.
금화교역은 냉정과 열정 사이를 말합니다.

금화교역은
긴 것이 있으면 짧은 것이 있고
높은 것이 있으면 낮은 것이 있고
서로 다른 성질을 가진 것들은
서로 공존하면서
서로 대립하면서
서로가 서로에게 변화의 동력으로 작용하고 있음을 말합니다.

메타인지의 세계라
금화교역의 뜻을 모르는 자
어찌 자연의 이치를 안다고 할 수 있겠는가?

금화교역의 세계라
자연의 순리속에
자연의 법칙속에 숨어있는
에너지의 법칙을 말함이라

인체내에서 일어나는 수승화강은
금화교역을 말함이라

금화교역의 세계라
정중동 동중정의 에너지 세계를 말함이라

경락 시스템의 비밀

호모 사피엔스(인간)는
눈에 보이는 혈액의 순환 시스템(음)과
눈에 보이지 않는 경락 시스템(양)으로
창조되었습니다.

경락 시스템은
동양의학의 침구학(鍼灸學)의 기초가 되었습니다.
경락 시스템을 기반으로 하여
기미론(氣味論)과 귀경(歸經)이론이 탄생하였습니다.
기미론과 귀경이론을 중심으로
본초학(本草學)이 탄생되었습니다.

경락 시스템은
옛 조상들이
세월이 흐르면서 발전시킨 것이 아닙니다.
경락 시스템은
하늘로부터 다운로딩된 정보가
세월이 흐르면서 원형 그대로 전승되어 온 것입니다.
'왜'라는 질문이 통하지 않는 영역이었으며
그 이후에 경락을 눈으로 볼 수 있는 사람들이 없었기에
과학적인 연구가 불가능하였습니다.

빛의 생명나무 홀로그래머(채널러)팀에서는
눈에 보이지 않았던 경혈을 볼 수 있었습니다.
눈에 보이지 않았던
경락의 구조와
경락 시스템에 대해
영안을 통해 컬러풀하게 눈으로 볼 수 있었으며
경락의 흐름을 몸으로 느끼고 볼 수 있었습니다.
빛의 생명나무 채널러팀에서는
음식을 먹고 음식의 기운이
어느 경락을 따라
어느 장부로 귀경하는지
정확하게 알 수 있었습니다.

빛의 생명나무 채널러팀에서는
경락의 흐름을 영안으로 보고
침구학에 서술된 것보다 더 정확하게 느끼고 있습니다.
침구학에 기술된 것들의 대부분은 사실이었습니다.
1년간의 경락 차크라 수업을 통하여 밝혀진
경락 시스템의 비밀에 대해
기록을 위해 이 글을 우데카 팀장이 전합니다.

◆ 경락은 3중 구조로 되어 있습니다.
   음식물의 소화 흡수 과정을 거치고
   포에서 훈증된 정(精)과 기(氣)가 흐르는 층이 있으며
   심장에서 나온 자기장이 흐르는 층이 있습니다.

자기장이 흐르는 층이 가장 바깥쪽에 있으며
그 층에는 자기장과 함께 우주에서 들어온 빛이
경락을 통해 흐르고 있습니다.

◈ 경락 시스템 중 경락과 경락이 만나는
표리 관계와 공변(상통) 관계의 교회혈(交會穴)의 구조를
영안을 통해 보고 상세하게 밝혀 두었습니다.

◈ 인간의 몸은 12경락이 아닌 15경락으로 창조되었습니다.
물질의 시대에는 12경락 시스템으로
영성의 시대에는 15경락 시스템으로 전환되어 살아가도록
셋팅되어 있습니다.

◈ 경락 시스템은
정기신(精氣神)이 흐르는 정기(正氣)의 통로가 있으며
사기와 탁기(濁氣)만 흐르는
사기(邪氣)의 통로가 구분되어 있습니다.
정기의 통로를 상수도 시스템에 비유할 수 있으며
사기와 탁기의 전용 통로를
하수도 시스템에 비유할 수 있습니다.
상수도 시스템의 비중이 70%
하수도 시스템의 비중이 30%로 구성되어 있습니다.

◈ 기경팔맥(奇經八脈) 이외에 인류에게 알려지지 않은
별도의 기경들이 수없이 존재함을 확인할 수 있었습니다.

기경들과 차크라들이 연결되어 있었으며
기경들과 인간의 12개의 감정선과 7개의 의식선들이
연결되어 있음을 확인할 수 있었습니다.

◆ 뇌로 가는 족궐음 간경의 분지의 유주도를 확인할 수 있었으며
뇌의 표층에서 족궐음 간경이
어떻게 빛마당과 기마당을 형성하는지 확인할 수 있었습니다.
뇌로 가는 수소음 심경의 분지의 유주도를 확인할 수 있었으며
뇌의 리층에서 수소음 심경이
어떻게 빛마당과 기마당을 형성하는지 확인할 수 있었습니다.

◆ 경혈 하나하나는 차크라입니다.
경혈 하나하나가 열리고 닫히는 것을 보며
차크라 오행에 기초하여 수렴과 발산이 이루어지는 원리를
눈으로 볼 수 있었습니다.

◆ 경혈 하나하나에 침을 놓고
어느 부위에 기마당이 형성이 되는지
어느 부위에 어떤 크기로 기마당이 형성되는지
확인할 수 있었습니다.

◆ 경혈 하나하나에 침을 놓고
어느 경락이 활성화되는지
어느 장부에 어떻게 기마당이 형성이 되는지
어느 장부에 어떻게 빛마당이 형성되는지

빛의 생명나무 정규 수업 시간을 통해 알게 되었으며
모두 기록으로 남아 있습니다.

◆ 침을 놓았을 때
표리로 기마당이 형성되는 혈이 있으며
상통으로 기마당이 형성되는 혈이 있다는 것을
밝혀 놓았습니다.

◆ 경락과 경혈학에 대한
인류가 단 한 번도 경험한 적이 없는
인간의 눈에는 보이지 않는
경락 시스템에 대한 비밀들이 밝혀졌으며
빛의 생명나무 정규 수업 시간을 통해
경락 차크라 수업을 통해 진행되었으며
그 내용들이 시절인연이 있는 인자들을 통해 공유되었습니다.

침구학은 동이족에게 주어진 하늘의 선물이었습니다.
원시반본이라
새로운 미래의학인 경락 차크라가
한민족에게 다시 주어졌습니다.
빛의 생명나무 채널러팀을 통해
인류가 그동안 접근할 수 없었던
경혈과 경락의 세계에 접근할 수 있었습니다.
그 대장정의 기록들을 압축하여
이 글을 통해 한민족에게 전합니다.

우데카 팀장의 글
경락 시스템의 작동원리 시리즈와
호모 사피엔스의 생명회로도 시리즈는
보이지 않는 세계의 진리를 담고 있으며
대우주의 생명창조의 원리를 담고 있습니다.

시절인연이 있는 인자들에게
한민족의 정신을 품고 있는 단지파들에게
우데카 팀장이
의식의 깨어남을 위한 상징의 표식으로
이 글을 전합니다.

---

*경락 시스템의 작동원리와 호모 사피엔스의 생명회로도 시리즈 글은
의식상승시리즈 9권 『호모 사피엔스의 생명회로도와 경락 시스템』에
수록되어 있습니다.

생명체의 생명력을 관리하는 창조주의 빛
자오유주도의 빛

행성에 살고 있는 모든 생명체들은
머리 위에 하늘과 연결된 생명선이 있습니다.
인간은 머리 위 백회를 통하여
7개의 생명선인 양백줄을 통해
하늘과 연결되어 있습니다.

7개의 양백줄 중 첫번째 생명선은
영 에너지와 연결되어 있는 창조주의 빛입니다.
행성에서 영혼의 옷인 생명체라는 외투를 입고 살고 있는
모든 생명체들은 영혼을 가지고 있습니다.
영 에너지에 연결된 생명선을 통해
모든 생명체들은 창조주의 의식과 연결되어 있습니다.

첫번째 생명선을 통해 공급받는 창조주의 빛을 통해
생명체들은 영의식이 구현될 수 있습니다.
첫번째 생명선을 통해 공급받는 창조주의 빛을 통해
모든 생명체들은 영의 모나드 의식의 구현을 통해
창조주의 신성을 드러낼 수 있습니다.

여섯번째 생명선을 통해 들어오는 창조주의 빛은
동양에서는 자오유주도의 빛이라 알려져 있습니다.

자오유주도의 빛은
생명체를 관리하는 창조주의 빛입니다.
자오유주도의 빛은
7차원 천상정부에 의해 관리되고 있습니다.
자오유주도의 빛은
2시간을 주기로 인간의 몸에 유입되고 있으며
12가지의 빛으로 구성되어 있습니다.

자오유주도를 통해 들어오는 빛을 우주의 빛이라고도 합니다.
자오유주도의 빛을 생명체를 관리하는 빛이라고 합니다.
자오유주도의 빛으로 인하여
몸의 생체 리듬과 생체 주기가 형성됩니다.

자오유주도의 빛은 평소에는 2시간을 주기로
12종류의 빛이 들어옵니다.
자오유주도의 빛이 들어오는 생명선은
3개의 관으로 구성되어 있습니다.
자오유주도의 빛 속에는 생명체를 관리하는
3가지의 빛이 섞여 들어오게 됩니다.

자오유주도의 빛을 분석하면 다음과 같습니다.

첫번째 빛 : 장부의 파장에 맞는 빛을 공급해주는 빛
장부마다 고유한 진동수가 있는데
2시간을 주기로 장부에 빛을 통해 영양분을 주는 빛입니다.

두번째 빛 : 경락을 활성화시키는 빛

자축인묘 진사오미 신유술해의 시간에 따라
12경락 시스템을 활성화시켜 주는 빛입니다.

자시 : 23시~1시

⇒ 족소양 담경을 활성화하여 담에 빛 공급 ⇒ 청혈(淸血)작용의 활성화

축시 : 1시~3시

⇒ 족궐음 간경에 빛 공급

⇒ 간의 소설(疎泄)작용의 정상화 ⇒ 간장혈(肝藏血) 활성화

인시 : 3시~5시

⇒ 수태음 폐경의 활성화로 폐에 빛 공급

⇒ 폐의 숙강지기(肅降之氣) 활성화

묘시 : 5시~7시

⇒ 수양명 대장경을 통하여 대장에 빛 공급

⇒ 진액의 순환과 한열(寒熱)과 조습(燥濕) 작용의 활성화

진시 : 7시~9시

⇒ 족양명 위경의 활성화로 위에 빛 공급

⇒ 위생혈(胃生血) 작용기전 정상화

사시 : 9시~11시

⇒ 족태음 비경의 활성화로 비장에 빛 공급

⇒ 비주운화(脾主運化)의 작용 활성화

오시 : 11시~13시

⇒ 수소음 심경을 통한 빛 공급

⇒ 심장의 심생혈(心生血) 기능의 활성화

미시 : 13시~15시

⇒ 수태양 소장경의 활성화

⇒ 소장의 기능인 영양분의 흡수 기능 활성화

신시 : 15시~17시

⇒ 족태양 방광경의 활성화 ⇒ 방광 기능의 활성화

유시 : 17시~19시

⇒ 족소음 신경의 활성화 ⇒ 신장의 재흡수 기능과 축정 기능의 활성화

술시 : 19시~21시

⇒ 수궐음 심포경의 활성화 ⇒ 포의 훈증 기능의 활성화

해시 : 21시~23시

⇒ 수소양 삼초경의 활성화 ⇒ 삼초 기능의 활성화

세번째 빛 : 무형의 기계장치에 빛을 공급하는 빛

인간의 몸을 구성하고 있는

색, 기, 공의 세계를 지원하는

무형의 기계장치들을 점검하고 청소하는 빛이 들어옵니다.

이 빛은 인간의 몸의 배수혈(背兪穴) 시스템을 활성화시켜

사기와 탁기 및 적취(積聚)들을 배출시키는 역할을 하는 빛입니다.

자오유주도의 3가지 빛은

2 : 4 : 4 비율로 들어와서 생명 현상을 유지하고 관리하며

항상성을 유지하는 빛으로 작용합니다.

자오유주도의 빛 3가지는 생명체 내에 있는 생명유지 시스템들을

재생하거나 복원하는 기능을 일부 가지고 있습니다.

네번째 빛 : 차크라를 활성화시키는 빛

인간의 몸에 필요한 대부분의 빛은

차크라의 빛을 통해 공급이 이루어집니다.

차크라를 활성화시키고

차크라를 가동시키는 빛은

자오유주도의 두번째 관을 함께 사용하고 있습니다.

차크라를 가동시키는 빛은

자오유주도의 빛 중

경락 시스템을 활성화시키는 빛과

같은 빛의 통로를 사용하고 있습니다.

차크라를 활성화시키는 빛이 진동수가 더 높고

경락을 활성화시키는 빛이 진동수가 낮기 때문에

충돌없이 사용이 가능합니다.

다섯번째 빛 : 생명회로도에 작용하는 빛

자오유주도의 빛이 들어오는 3번째 관을 통해

생명회로도에 작용하는 빛이 함께 들어오고 있습니다.

인간의 생명 활동을 총지휘하고 있는 컨트롤 타워인

생명회로도에 있는 설정값을 변경하거나

업그레이드나 재조정이 필요할 때 사용되는 빛입니다.

모든 생명체는 창조주의 빛을 받으며 살아가고 있습니다.

눈에 보이지 않는 세계를 다루는 동양의학에서도

그동안 생명의 비밀을 풀지 못하고 있었습니다.

눈에 보이지 않는 세계에서 일어나고 있는 생명의 비밀을
시절인연이 되어 우데카 팀장이 전합니다.

자오유주도의 빛은 창조주의 빛입니다.
자오유주도의 빛을 통해
생명체들은 하늘의 보호와 관리속에서
생명 활동을 유지하고 있습니다.
자오유주도의 빛은 생명체들의 생명력의 원천이 됩니다.

자오유주도의 빛을 통해
생명속에 생명진리가 펼쳐지고 있습니다.
자오유주도의 빛을 통해
창조주의 의식은 모든 생명체속에 깃들어 있습니다.
이것이 자오유주도의 빛을
여섯 번째 생명선이라고 하는 이유입니다.

자오유주도의 빛에 대한 기록의 필요성이 있어
자오유주도의 빛에 대한 정리의 필요성이 있어
생명속에 펼쳐져 있는 생명진리를
우데카 팀장이 전합니다.

생체 주기(바이오 리듬)의 비밀

인간의 몸은 살아있는 유기체입니다.
인간의 몸은 생체 주기를 가지고 있습니다.
인간의 몸은 생체 시간을 가지고 있습니다.
인간의 몸은 생체 리듬을 가지고 있습니다.

인간의 신체 리듬은 23일의 주기를 가지고 있습니다.
인간의 감성 리듬은 28일의 주기를 가지고 있습니다.
인간의 지성 리듬은 33일의 주기를 가지고 있습니다.
인간의 몸은 24.7시간을 주기로
생체 시계가 설정되어 있습니다.

인간의 몸은 큰 주기와 작은 주기들을 가지고 있습니다.
인간의 몸의 큰 주기들을 결정하는 것은
창조주로부터 지구 행성에 들어오는
자오유주도의 빛입니다.

24.7시간을 주기로 하는
배꼽 시계라고 알려져 있는 생체 시계가 작동되고 있습니다.
그 외에 인류에게 알려져 있지 않은 소주기들에 의해
인간의 몸은 주기성을 가지고
혹독한 자연 환경에 적응하며 살고 있습니다.

인간의 몸은 매시간 매순간 변화속에 있습니다.
혈압이나 심장 박동수, 당뇨 수치 등은
생체 시계를 주기로 일정하게 변화하는 특징을 가지고 있습니다.
인간의 몸에 수없이 존재하는
작은 주기들을 결정하는 것은
인간의 몸에 있는 생명회로도의 셋팅값에 의해 결정됩니다.

생체 주기와 생체 리듬이 발생하는 근본 원인은
생명체를 관리하는 자오유주도의 빛입니다.
생명체를 관리하는 자오유주도의 빛은
백회를 통해 하늘과 연결된 7개의 생명선을 통해
인간의 몸에 공급됩니다.
하늘과 연결된 7개의 양백줄을 통해 공급되는 빛은
생명체의 생명력을 관리하는 창조주의 빛입니다.
하늘과 연결된 7개의 생명선을 통해
인간의 몸에 들어오는 자오유주도의 빛은
28일을 주기로 셋팅되어 있습니다.

여성의 생리 주기가 28일입니다.
피부가 재생되는 주기 역시 28일입니다.
인간의 생체 주기와 생체 리듬은
28일을 기준으로 설정되어 있습니다.
감성 주기는 28일입니다.
감성 주기를 기준으로 +5일은 지성 주기이며
감성 주기를 기준으로 -5일은 신체 주기입니다.

생명회로도에 자오유주도의 주기에 따른
경락의 활성화 정도가 프로그램되어 있습니다.
생명회로도의 자오유주도의 주기에 따라
장부에 공급되는 빛의 양이 정해져 있습니다.
생명회로도의 자오유주도의 주기에 따라
생체 리듬의 주기는
극단적으로는 12일에서 길게는 45일까지
구성되어 있는 경우도 있습니다.
생명회로도에서 생체 리듬과 생체 주기는
보통 24일~28일 주기로 프로그램되어 있으며
가장 이상적인 주기는 28일입니다.

인체의 입장에서 자오유주도의 큰 사이클이 형성되고 나면
그 하부에 파생적으로 신체 리듬과 지성 리듬과 감성 리듬의
사이클이 생겨나는 것입니다.
자오유주도의 빛은 몸의 사이클을 주도하는 빛을 뜻합니다.
지구 행성에 살고 있는 인간이란 생명체도
많은 부분이 28일에 맞추어져 있습니다.
인체의 생체 리듬이 28일에 맞추어지게 되면
가장 안정적이고 건강합니다.
28일에서 많이 벗어날수록 몸은 힘들어질 수밖에 없습니다.

지구 행성이 탄생이 될 때
공간의 막과 시간의 막과 생명 탄생의 막이
우주 공학기술에 의해 설치되었습니다.

지구에 하나의 위성으로 존재하는 달의 영향을 고려하여
28일의 주기가 되었습니다.
지구 행성에 공급되는 자오유주도의 빛의 주기는 28일입니다.
지구 행성에 존재하는 생명체들에게
생명력을 공급하는 에너지의 주기는 28일입니다.

인체의 생체 주기와 생체 리듬은
사람마다 다르게 셋팅되어 있습니다.
인간이 창조주에 의해 조물이 이루어질 때
생명회로도에 설정된 값들이 사람마다 다릅니다.
자오유주도의 빛은 28일로 일정한데
인간의 몸에 있는 생명회로도의 설정값들에 의해
사람마다 다양한 주기를 가지고 있습니다.

하늘과 본영은 생명회로도의 설정값들의 미세 조정을 통해
인간의 생체 주기와 생체 리듬들을 주기적으로 관리하고 있습니다.
백회를 통해 하늘과 연결된 7개의 생명선을 통해 들어오는
자오유주도의 빛은 경락 시스템을 통해
생체 리듬과 생체 주기를 형성하고 있습니다.

자오유주도의 빛은 경락 시스템을 통하여
생체 리듬에 영향을 주고 있습니다.
자오유주도의 빛은 2시간을 주기로 12경락에 영향을 주고 있습니다.
자오유주도에 따른 경락과 생체 리듬과의 관계를 정리하면
다음과 같습니다.

족궐음 간경 - 육체 리듬
족소양 담경 - 지성 리듬

수소음 심경 - 감성 리듬
수태양 소장경 - 육체 리듬

족태음 비경 - 감성 리듬
족양명 위경 - 지성 리듬

수태음 폐경 - 육체 리듬
수양명 대장경 - 육체 리듬

족소음 신경 - 감성 리듬
족태양 방광경 - 지성 리듬

수궐음 심포경 - 감성 리듬
수소양 삼초경 - 지성 리듬

생체 리듬과 생체 주기에 대한 우주의 비밀을 전합니다.
정리의 필요성이 있어
기록의 필요성이 있어
이 글을 우데카 팀장이 기록으로 남깁니다.

자연 치유력의 비밀 빛과 소금의 세계라

인간의 몸은 주기적으로 리셋이 됩니다.
인간의 몸이 주기적으로 리셋이 되는 것을
지금의 인류의 의식 수준에서는
자연 면역력이라고 합니다.
하늘의 입장에서는
몸의 진동수가 올라간다고 합니다.

인간의 몸은 주기적으로 업그레이드됩니다.
인간의 몸이 주기적으로 업그레이드되기 위해서는
항상성을 유지하기 위한
감기와 같은 질병이 필요했습니다.
지금의 인류의 의식 수준에서는
감기를 정복해야 할 대상이라고 보지만
하늘의 입장에서는
인간의 자연 면역력을 향상시키기 위해
감기는 반드시 필요했습니다.

인간의 몸이 주기적으로 리셋되는 동안에
몸의 진동수의 변화가 생깁니다.
인간의 몸이 주기적으로 리셋되는 동안에
차크라 가동률의 변화가 생깁니다.

인간의 몸이 주기적으로 리셋되는 동안에
자연 면역력과 자연 치유력에 변화가 생깁니다.
인간의 몸이 주기적으로 리셋되는 동안에
어린이는 더욱 건강해지고
성인은 항상성의 조율이 이루어지며
노인은 생명력이 줄어들게 됩니다.

자연 면역력의 증가를 위해
자연 치유력의 증가를 위해
감기 바이러스를 통해서
인간의 몸에 대한 항상성이 유지되고 있습니다.
자연 면역력의 증가를 위해
자연 치유력의 증가를 위해
인간은 참 많은 잠이 필요했습니다.

인간의 몸은 자연 환경이라는 외부 변수에
늘 노출되어 있습니다.
인간의 몸은 생로병사의 과정속에 있기에
인간의 몸의 생로병사의 주기에 맞는
항상성을 유지하기 위해
인간의 몸은 끊임없이 업데이트되어야 했습니다.

인간의 몸의 업그레이드와 리셋은
감기 증상과 함께
잠자는 동안에 자연스럽게 이루어집니다.

인간의 몸이 리셋이 되는 경우는
몸의 진동수를 급격하게 올릴 때 발생합니다.
몸의 진동수를 급격하게 올릴 경우는
인간의 몸에 엄청난 고통이 따르게 됩니다.

인간의 몸에서 일어나는
자연 치유력과 자연 면역력의 비밀은
다음과 같은 보이지 않는 에너지의 작용속에
일어나고 있음을 전합니다.

첫번째 : 자오유주도의 빛
인간의 백회를 통해 받고 있는
하늘의 빛인 자오유주도의 빛입니다.
자오유주도의 빛은 모든 생명체에게 주는
창조주의 빛입니다.

자오유주도의 빛은
생명력의 근원이 되는 창조주의 빛입니다.
자오유주도의 빛은 생명체에게
자연 면역력과 자연 치유력의 가장 근본이 되는 빛입니다.

두번째 : 차크라 시스템을 통한 차크라의 빛
자오유주도의 빛은 2시간을 주기로
하늘과 연결된 7개의 생명선을 통해 들어오는
창조주의 빛입니다.

인간의 몸은 자오유주도의 빛인 창조주의 빛을

차크라 시스템을 통해

인간의 몸에 최적화된 빛으로 전환하여

온몸에 차크라의 빛을 공급하게 됩니다.

차크라 시스템을 통해 공급되는 차크라의 빛은

생명체의 생명력을 향상시키는 빛이며

자연 치유력과 자연 면역력을 향상시키는 빛이 됩니다.

세번째 : 경락 시스템을 통한 빛

자오유주도의 빛은

심장의 심생혈의 작용을 거쳐

경락 시스템을 통해

오장 육부와 온몸으로 빛을 공급하게 됩니다.

경락 시스템을 통한 빛은

인간의 몸에 있는 빛의 네트워크와

빛의 통로를 활성화시키는 빛이 됩니다.

경락 시스템을 통해 공급받는 빛에 의해

인간의 면역 시스템이 활성화됩니다.

네번째 : 심생혈(心生血)을 통한 혈액 순환

심생혈의 작용을 통해

온몸에 공급되는 혈액은

색의 세계에 존재하는 세포와 조직에

영양분과 산소를 공급합니다.

심생혈의 작용을 통한 혈액 순환은
자연 면역력과 자연 치유력의 향상에 중요한 요소입니다.

다섯번째 : 간장혈(肝藏血)을 통한 에너지 충전

인간의 몸은 잠을 자는 동안에
많은 에너지 정화 작용이
보이지 않는 세계에서 일어나고 있습니다.
인간의 몸은 잠을 자는 동안에
간장혈이라는 작용을 통해
인간의 몸을 구성하는 색의 층위인
세포와 조직과 기관들 모두에서 화학적 정화 작용과 함께
자오유주도의 빛을 통한
생명력이 재충전되는 작용이 일어나게 됩니다.
이 작용을 간장혈이라 하며
잠이 보약이 되는 원리입니다.
간장혈의 작용을 통해
인간의 몸은 자연 면역력과 자연 치유력이 향상됩니다.

여섯번째 : 위생혈(胃生血)을 통한 영양분 공급

심장은 태어날 때 한번 받는 선천지신(先天之神)이라는
백 에너지를 통해 뛰고 있습니다.
폐는 태어날 때 한번 받는 선천지기(先天之氣)라는
백 에너지를 통해 일하고 있습니다.
신장은 태어날 때 한번 받는 선천지정(先天之精)이라는
백 에너지를 통해 일하고 있습니다.

간은 태어날 때 받는 자체 에너지가 없기에
간장혈을 할 수 있는 빛이
잠을 자는 동안 끊임없이 공급되고 있습니다.
간은 태어날 때 받는 자체 에너지원이 없기에
잠을 자는 동안에
창조주의 에너지가 바람이 되어
인간의 몸을 정화하고 치유하는
빛이 되어 주고 있습니다.

잠을 자는 동안에
잠깐 졸고 있는 순간에
창조주의 빛은 바람이 되어
인간의 몸을 치유하고 있으며 정화하고 있습니다.
이것을 동양의학에서는 간장혈이라 하였습니다.

하늘은 바람이 되어
간장혈의 작용에 의해
간을 치유하고 보호하고 있으며
자연 치유력으로 작용하고 있습니다.

비장은 태어날 때 받는 자체 에너지가 없기에
위장의 위생혈 작용을 통해
음식물의 소화와 흡수작용을 통해 발생한
영양분과 에너지를 받아서 활동하고 있습니다.

위생혈은
위에서 음식물의 소화작용을 돕기 위해
위장에서 일어나는 일련의 작용을 설명하는
동양의학의 용어입니다.

위생혈의 작용과 함께
비장의 운화(運化)기능을 통해 공급받는 빛은
경락 순환을 통해 온몸에 공급하게 됩니다.
비장은 땅에서 생산된 음식물속에 있는 땅의 기운인 지기를
비장의 운화작용을 통해
빛으로 전환시키는 역할이 있습니다.
위생혈의 작용과 비장의 운화기능을 통해
인간의 몸은 항상성이 유지되고 있습니다.

일곱번째 : 배수혈(背兪穴) 시스템의 작용
인간의 몸은 빛이 흐르는 경락 시스템과
경락 시스템을 흐르다가 진동수가 떨어진 빛이 모여
몸 밖으로 배출되는 시스템이 있습니다.
이것을 배수혈 시스템이라고 합니다.

배수혈 시스템이 정상적으로 작동이 되지 않으면
인간의 몸은 염증 반응과 함께 통증이 나타나게 됩니다.
하늘의 빛 치유의 기본은
막혀있는 배수혈을 여는 것으로 시작됩니다.

배수혈이 원활하게 작동하게 하기 위해
하늘의 천사들이 인간의 몸에 모두 배속되어 있습니다.
인간의 몸에 배속되어 있는
하늘의 의사인 라파엘 천사들을 통해
배수혈이 열리고 닫히면서
인간의 항상성은 관리되고 있습니다.

땀구멍이 열릴 때 부분적으로 열리고 닫히는
배수혈의 작용만으로는 한계가 있습니다.
자연 치유력과 자연 면역력의 향상을 가져오기 위해
하늘의 의사들인 라파엘 천사들을 통한
배수혈이 열리고 닫히는 정교한 과정들이
보이지 않는 세계에서 일어나고 있음을 전합니다.

여덟번째 : 빛과 소금
빛 중에 가장 높은 진동수를 가지고 있는 빛은 보랏빛입니다.
인간이 먹는 음식 중에 보랏빛 파장을 가지고 있는 것은 소금입니다.
소금은 인간의 몸에서 흡수될 때
가장 강한 보랏빛을 내는 음식입니다.
소금보다 더 강한 보랏빛을 띠고 있는 음식은
땅에 없습니다.

빛 중에 빛은 보랏빛이며
음식 중에 음식은 소금이 품고 있는 보랏빛이라
빛과 소금의 원리라

자연 치유력과 자연 면역력의 원리는
빛의 작용과 소금의 작용에 있습니다.
눈에 보이지 않는 공과 기의 세계에서 공급되는
창조주의 빛을 상징하는 빛은 보라색입니다.

눈에 보이는 색의 세계에서
가장 강력한 보랏빛의 파장을 가진 음식은 소금이라

빛과 소금의 빛의 원리에 의해
빛과 소금의 빛의 작용에 의해
하늘의 빛과 땅의 빛인 소금의 빛에 의해
자연 치유력과 자연 면역력이 일어나고 있음이라

기록의 필요성이 있어
정리의 필요성이 있어
우데카 팀장이 이 글을 전합니다.

인간의 몸에서 일어나고 있는
7 : 3의 생명의 법칙

마음은 에너지입니다.
마음은 의식입니다.
마음은 의식의 작용입니다.

의식은 에너지입니다.
의식은 에너지의 작용입니다.

생각은 에너지입니다.
생각은 에너지의 작용입니다.

감정은 에너지입니다.
감정은 에너지의 작용입니다.
슬픔도 에너지입니다.
기쁨도 에너지입니다.
분노도 에너지입니다.

생명은 에너지입니다.
생명은 에너지의 작용입니다.
생명은 영혼백(靈魂魄) 에너지의 작용입니다.
생명은 정기신혈(精氣神血)의 에너지의 작용입니다.

에너지의 기원은 빛입니다.

마음의 기원은 빛입니다.

의식의 기원은 빛입니다.

생각의 기원은 빛입니다.

감정의 기원은 빛입니다.

생명의 기원은 빛입니다.

마음은 빛의 작용에 의해 일어납니다.

의식은 빛의 작용에 의해 일어납니다.

생각은 빛의 작용에 의해 일어납니다.

감정은 빛의 작용에 의해 일어납니다.

생명은 빛의 작용에 의해 일어납니다.

마음은

인간의 몸을 구성하고 있는

심장을 싸고 있는 심포에서 기원합니다.

마음은 인간의 몸을 구성하고 있는

보이지 않는 세계의

기의 세계의 차원간 공간에 존재하는

메타 휴머노이드 의식구현 시스템이라는

무형의 기계장치에서 기원합니다.

마음의 기원이 되는

메타 휴머노이드 의식구현 시스템은

하늘의 빛에 의해서 작용합니다.

의식의 기원은
메타 휴머노이드 의식구현 시스템입니다.
의식의 기원은 인간의 몸을 구성하고 있는
기의 세계의 차원간 공간에 존재하는
독맥선에 존재하는 7개의 의식을 발현하는
에너지 장치에서 기원합니다.

의식과 생각은 심포에 있는
메타 휴머노이드 의식구현 시스템에서 기원한 에너지와
독맥선에 있는 7개의 의식선에서 나오는
에너지와 정보를 뇌에서 인지함으로써 탄생됩니다.

희로애락 공경비라고 알려진
인간의 일곱가지 감정인 칠정(七情)은
인간의 몸을 구성하는 기의 세계의 차원간 공간인
12개의 감정선에서 나오는 에너지들이 작용하여 탄생한
빛의 작용입니다.

생명은 에너지들의 정렬이 일어나는 곳입니다.
생명은 에너지들의 질서가 부여되는 곳입니다.
생명은 에너지들이 열매 맺는 곳입니다.

생명은 에너지들이 집적되는 곳입니다.
생명은 에너지들이 고도화되는 곳입니다.

생명속에 우주의 차원이 중첩되어 패킹(접힘)되어 있기에
하나의 티끌만한 생명체 속에는
우주의 시방세계(十方世界)가 다 들어 있습니다.
인간의 몸속에는
우주의 차원간 공간이 중첩되어 있습니다.
인간의 몸속에는 우주의 차원의 문과
우주의 차원의 벽이 설치되어 다양하게 펼쳐져 있기에
인간의 몸을 소우주라고 하는 것입니다.

생명은 영혼의 불꽃입니다.
생명은 영혼백 에너지의 전시장입니다.
생명은 정기신의 깃발입니다.
생명은 정기신혈 에너지의 작용입니다.

생명은 마음을 가지고 있습니다.
생명은 의식을 구현할 수 있습니다.
생명은 감정을 구현할 수 있습니다.
생명은 생각을 구현할 수 있습니다.

생명은 생명체의 몸을 구성하고 있는
공 기 색의 차원간 공간에 존재하는
생명유지 시스템에 의해 운영되고 있습니다.

인간의 몸을 구성하고 있는 생명유지 시스템은
7:3의 법칙에 의해 운영될 수 있도록 창조되었습니다.

인간의 몸을 구성하고 있는 생명유지 시스템은
하늘의 빛에 의해 70%가 작동됩니다.
인간의 몸을 구성하고 있는 생명유지 시스템은
음식을 통한 에너지를 통해
30%가 작동되는 구조를 가지고 있습니다.

인간의 몸은 하늘의 빛과
음식을 통한 기(氣)의 공급의 비율인
7:3의 법칙에 의해 운영되고 있음을 전합니다.

인간의 몸을 구성하고 있는 생명유지 시스템 중
하늘의 높은 진동수를 가진 빛에 의해서만 작용할 수 있는 시스템이
약 70% 정도 됩니다.
인간이 음식을 통해 흡수된 영양분으로는
인간의 몸에 설치된 시스템 중 30%만 가동할 수 있습니다.

인간의 소화 기관을 통해 흡수된 에너지는 진동수가 낮아서
공 기 색의 차원간 공간에 있는 생명유지 시스템에
많은 영향을 주기는 어렵습니다.

인간의 몸은 백회에 있는 7개의 생명선을 통해
하늘의 빛을 공급받아 살아가고 있습니다.
인간의 몸은 백회를 통해 하늘과 연결된 7개의 양백줄을 통해
하늘의 생명유지 시스템에 연결되어 있습니다.

인간은 음식을 먹지 않고 살 수 없습니다.
인간의 몸은 소화 기관을 통해 흡수된 영양분을 통해
30%에 해당하는 생명유지 시스템에 에너지를 공급해야
생명을 유지할 수 있습니다.

시절인연이 되어 우데카 팀장이
대우주의 비밀을 전합니다.

시절인연이 되어 우데카 팀장이
생명속에 펼쳐져 있는 생명진리를 전합니다.

동양의학에 대한 정리 음양론과 기혈론

무극(無極)은 태극(太極)을 낳고
태극은 삼태극(三太極)을 낳습니다.

태극은 음양(陰陽)을 낳고
음양은 오행(五行)을 낳고
오행은 삼양 삼음과 육기(六氣)를 낳습니다.

음양은 정신(精神)을 낳고
정신은 오장과 육부를 낳습니다.

오장의 크기는 허실(虛實)을 낳고
육부의 완급은 한열(寒熱)을 낳습니다.

허증이란 정기가 부족하다는
정기허(正氣虛)를 말하며
실증이란 사기가 실하다고 해서
사기실(邪氣實)이라 합니다.

오장 육부는 혼백(魂魄)을 낳고
혼백은 기혈(氣血)을 낳습니다.

음양은 배꼽을 중심으로 위와 아래를 말하며
기혈은 배꼽을 중심으로
좌는 혈이 우세하며
우는 기가 우세하게 순환함을 말합니다.

정(精)은 인체 내에서 조(燥)와 습(濕)을 낳고
조와 습은 인체 내에서 뚱뚱함과 마름(비수)을 낳습니다.

정은 인체 내에서 비수(肥瘦)를 낳고
살찐 사람(비)을 음인이라고 하며
마른 사람(수)을 양인이라고 합니다.

기는 인체 내에서 영기(營氣)와 위기(衛氣)를 낳고
영기는 인체 내에서 12경락의 순환을 주관하며
위기는 인체 밖에서 면역작용을 하며 피부를 보호합니다.

영기는 인체 내에 거하기에 음이 되고
위기는 인체 밖에 거하기에 양이 됩니다.

신(神)은 장상(臟象)을 낳고
장상은 색(色)을 낳는다.

신의 기틀은 장상이 되고
장상(모양)은 색으로 발현됩니다.
색은 신의 깃발입니다.

색은 기미(氣味)론을 낳고
기미론은 귀경(歸經)이론을 낳습니다.

혼(魂)은 신(神)을 따라 왕래하는 것이고
백(魄)은 정(精)을 따라 출입을 합니다.
혼은 신을 따라 왕래하므로 기(氣)가 되고
백은 정을 따라 출입하기 때문에 형(形)이 됩니다.

천원지방(天圓地方)의 관계에서
얼굴은 음양이 되고
몸통은 기혈이 됩니다.

담체(膽體)는 기혈이 되고
방광체(膀胱體)는 음양이 됩니다.

오행에서는 금과 목이 형(形)이 되고
오행에서는 수와 화가 상(象)이 됩니다.

상하좌우에서는
상하는 음양이 되고
좌우는 기혈이 됩니다.

오장에서는
심장과 신장이 음양이 되며
폐와 간이 기혈이 됩니다.

식물로 비유하면
음양은 뿌리가 되고
기혈은 잎사귀가 됩니다.

정신에서 보면
음양은 정신이 되고
기혈은 혼백이 됩니다.

몸에서 보면
음양은 오장과 육부가 되고
기혈은 외형이 됩니다.

상(象)을 음양이라 하고
형(形)을 기혈이라 합니다.

바이러스와 미생물의 세계라

바이러스는 인간의 눈으로는 볼 수 없는
마이크로의 세계에 존재하는 생명체입니다.
바이러스는 의식을 가지고 있는 생명체입니다.
바이러스는 생명체의 몸에서 특수한 역할을 하기 위해
특수한 목적으로 하늘에 의해 탄생한 반생명체입니다.

바이러스는 하늘의 메시지를 생명체에게 전달하기 위해
창조되었습니다.

바이러스는 고차원의 하늘의 의식을
차원이 낮은 생명체에게 전달하기 위해 창조된 반생명체입니다.

의식을 구현할 수 있는 모든 생명체들은 영혼이 있습니다.
의식을 구현할 수 있는 모든 물질들은 영혼이 들어 있습니다.
의식을 구현할 수 있는 비물질로 존재하는 천사들에게도
영혼이 있습니다.

바이러스는 영혼이 있는 반생명체입니다.
바이러스에 영혼이 있기에
바이러스는 의식을 구현할 수 있습니다.
바이러스에 담긴 영혼의 의식은 인간보다 높습니다.

바이러스에 있는 영혼은 진화를 하지 않는 영혼입니다.
바이러스에 있는 영혼은 물질 세상을 지원하기 위해 탄생된
영혼 그룹입니다.
바이러스에 있는 영혼은 매우 높은 의식을 구현할 수 있습니다.
바이러스에 있는 영혼의 의식이 높기에 감기 바이러스처럼
생명체의 면역력과 생명력을 조절할 수도 있는 것입니다.

바이러스에 있는 영혼의 의식은 식물보다 높습니다.
바이러스에 있는 영혼의 의식은 동물보다 높습니다.
바이러스에 있는 영혼의 의식은 인간보다 높습니다.

바이러스에 담겨 있는 영혼의 의식이 생명체의 의식보다 높기에
바이러스는 생명체에게서 생명을 빼앗을 수 있습니다.

바이러스는 생명체의 면역력을 조절하기 위해 창조되었습니다.
바이러스는 하늘과 생명체를 연결해주는 중간자 역할이 있습니다.
바이러스는 인간의 몸에서
천사들이 하지 못하는 역할을 하기 위해서 창조된
의식이 있는 생명체입니다.

미생물은 인간의 눈으로 볼 수 없는
마이크로의 세계에 존재하는 생명체입니다.
미생물은 세포로 구성된 생명체입니다.
미생물은 생각이라는 것을 하며 살고 있는 생명체입니다.
미생물은 의식을 가지고 있는 생명체입니다.

미생물은 생각과 의식을 가지고 있기에 영혼이 있습니다.
미생물에게 들어가 있는 영혼 그룹은
물질 체험을 하고 있는 상승하는 영혼들입니다.
미생물에게 들어가 있는 영혼 그룹들은
영혼의 진화를 위해 생명체의 몸속에 들어가 있는 영혼입니다.

미생물에게 들어가 있는 영혼 그룹들은
갓 태어난 영혼들이 진화하여
처음으로 희생과 봉사의
소중한 가치를 배우고 체험하기 시작한 영혼들입니다.

미생물에게 들어가는 영혼 그룹들은
군집 영혼의 형태로 존재하면서
물질세계를 지탱하는 중요한 역할을 하고 있습니다.

미생물에게 들어가 있는 영혼 그룹들은
6차원 4단계 영혼부터 군집 영혼의 형태로 있다가 분화하여
미생물의 몸에 들어가게 됩니다.

미생물은 곰팡이와 효모, 세균과 토양에 살고 있는 미생물까지
그 스펙트럼이 매우 넓고 다양합니다.
미생물은 세포막과 효소가 있기에 물질 대사를 하며
스스로 살아가는 생명체입니다.
미생물은 환경에 맞으면
그 증식 속도가 매우 빠른 특징이 있습니다.

미생물은 가장 어두운 곳에서
자연 생태계의 순환을 책임지고 있는 중요한 역할을
담당하고 있습니다.

미생물은 가장 어두운 곳에서
유기물들을 무기물로 환원시키는 역할을 하고 있습니다.

미생물은 가장 어두운 곳에서
생명체들의 물질 대사에 기여함으로써
대우주에 질좋은 서비스를 제공하고 있는
매우 소중한 존재들입니다.

미생물이 있기에 식물들이 생명을 유지할 수 있습니다.
미생물이 있기에 동물들이 생명력을 유지할 수 있습니다.
미생물이 있기에 인간이 생명력을 유지할 수 있습니다.
미생물이 있기에 의식이 높은 생명체들이 살아갈 수 있습니다.

미생물은 가장 낮은 곳에서
미생물은 가장 어두운 곳에서
당신과 같이 영혼의 물질 체험을 하고 있는 생명체입니다.

미생물이 제공해 주고 있는 질좋은 서비스 덕분에
생명체들은 생명체의 향락과 유희를 누리면서
살아갈 수 있는 것입니다.

미생물은 가장 어두운 곳에서
미생물은 아무도 알아주지 않는 곳에서
자연 생태계를 유지해주고 있는 매우 소중한 존재들입니다.

미생물들은 가장 어두운 곳에서
미생물들은 가장 낮은 곳에서
생명체들과 인류를 위해 봉사하고 있는
미생물의 군집 영혼 그룹들에게
하늘을 대신하여 우데카 팀장이
고마움과 감사함을 전합니다.

정리의 필요성이 있어
기록의 필요성이 있어
우데카 팀장이 이 글을 기록으로 남깁니다.

감기 바이러스의 역할

인류는 감기를 정복하는데 실패하였습니다.
인류의 현재의 과학 기술로는
독감 백신을 만드는 것이 불가능합니다.
감기 바이러스가 또 다른 변종을 만들어내는데 걸리는 시간이
인류가 감기 백신을 개발하는 시간보다 훨씬 짧기 때문에
감기 백신을 대량으로 생산하는 것이 무의미하게 되었습니다.

제약 회사들은 감기 바이러스의 백신 연구를
더 이상 진행하지 않습니다.
제약 회사들은 통계학적으로 올해에 유행할
감기 바이러스를 예측하여 독감 백신으로 공급하고 있을 뿐입니다.

감기약은 없습니다.
내 감기에 딱 맞는 감기약은 세상 어디에도 없습니다.
내가 겪고 있는 감기 증상을
완화시켜 줄 수 있는 약이 있을 뿐입니다.

내가 걸린 감기 바이러스에 딱 맞는
감기 백신은 존재하지 않습니다.
내가 걸린 감기 바이러스를 치료할 수 있는 감기약은
이 세상 어디에도 존재하지 않습니다.

세상에는 내가 겪고 있는 감기 증상에서 나오는 고통을 줄이고
통증을 줄일 수 있는
대증적으로 쓸 수 있는 약이 있을 뿐입니다.
일반적인 이 약을 우리는 감기약이라고 알고 있을 뿐입니다.

세상에서 가장 어리석은 사람이
내가 걸린 감기 바이러스를
치료할 수 있는 약을 찾는 사람일 것입니다.
이것이 일반인들은 알 수 없는
감기약에 대한 불편한 진실입니다.

감기 바이러스는
생명체의 면역력의 증가와
인체의 항상성을 유지하기 위해
하늘에 의해 창조된 의식을 가진 생명체입니다.

감기 바이러스는
몸의 에너지 순환이 저하되었을 때
몸의 에너지 순환을 상승시켜 주기 위해
감기 바이러스를 이용하여
열을 내게 하여
신체의 에너지 대사율을 끌어올리는 역할이 있습니다.
이러한 감기 바이러스의 역할을
인류의 의식의 눈높이로는 면역력을 상승시킨다고 보고 있습니다.

감기 바이러스는
우리 몸의 에너지 순환 싸이클이 흩어져 있을 때
우리 몸의 장부간의 에너지 균형이 무너졌을 때
열을 발생시켜 인체의 면역력을 향상시켜 주는 역할을 하고 있습니다.

감기 바이러스는
몸의 설정값을 새롭게 셋팅할 때도 사용됩니다.
그 인물의 신체의 변화가 있어야 할 때도
감기 바이러스를 사용하여
몸의 변화를 유도하게 됩니다.

감기 바이러스를 통해 들어온
하늘의 정보를 통해
생명회로도의 변경이 이루어지게 됩니다.

감기 바이러스를 통해
육체적인 고통과 함께
감기 증상과 함께
몸의 진동수를 올리는 방편으로 사용됩니다.

감기 바이러스를 통해
육체적인 통증을 동반하여
약해지고 균형이 깨진 경락 시스템과
배수혈 시스템에 대한 정비가 이루어집니다.

감기 바이러스를 통해

감기 증상과 함께

휴식을 가져오게 함으로써

인체의 자연 치유 능력을 향상시키게 됩니다.

감기 바이러스를 통해

약해진 면역력은 더 약화되기도 하고

약해진 면역력이 회복되기도 합니다.

감기 바이러스를 통해 전달된 하늘의 정보는

인간의 생로병사에 결정적인 변곡점 역할을 하기도 합니다.

감기에 대한 정리의 필요성이 있어

우데카 팀장이

이 글을 기록으로 남깁니다.

하늘이 바이러스를 만든 이유

바이러스는 정보 전달자입니다.
바이러스는 의식을 가지고 있습니다.
바이러스는 생각이라는 것을 하고 있습니다.

바이러스는 생명체에게
하늘의 정보를 전달하기 위해 창조되었습니다.
바이러스는 생명체에게
하늘의 메시지를 전달하기 위해 창조된
의식을 가지고 있는 생명체입니다.

생명체의 기본 단위는 세포입니다.
생명체의 기본 단위인 세포에게
하늘의 메시지와 하늘의 명령을 전달할 수 있는 시스템이
하늘의 입장에서는 반드시 필요했습니다.

하늘의 에너지체인 원소 정령과 요정들을 통해서
생명체의 세포 단위까지 하늘의 정보를 전달하기는 쉽지 않았습니다.
하늘의 천사들인 5차원의 귀신들을 통해서
인간의 몸에 있는 세포에게 하늘의 정보를 담아 전달하는데
많은 어려움이 있었습니다.

하늘의 메시지를 생명체의 세포 단위까지
오차없이 정확하게 전달하기 위해서
하늘에서 고안한 것이 단세포 생명체인 바이러스입니다.

행성의 영단에서 행성을 운영하기 위해 탄생한
5차원의 의식을 가진 바이러스가 있습니다.
인간의 생로병사의 주기를 결정하고
인간의 몸에 필요한 정보를 담아
자동화 시스템으로 운영되고 있습니다.

하늘의 정부라 할 수 있는 7차원의 천상정부에서
생명체의 생로병사에 관여하기 위해 운영하고 있는
7차원의 의식을 가지고 있는 바이러스 시스템이 있습니다.

고도의 의식을 구현할 수 있는 생명체는
고도의 의식을 구현하고 있는 생명체의 생명을
함부로 빼앗을 수 없습니다.
이것이 우주의 생명의 법칙입니다.

고도의 의식을 가진 생명체의 목숨을
일시에 대규모로 빼앗을 수 있는
우주의 프로그램이 필요하였습니다.
그 필요성에 의해 태어난 것이
바이러스가 탄생한 이유입니다.

생명체를 숙주로 하여 살아가는 생명체들 중에
생명체의 생명을 빼앗을 수 있는 존재는 많지 않습니다.
암세포 역시 바이러스에 의해 전달된 정보가
세포의 변형을 통해 암세포가 된 것입니다.
암세포 역시 바이러스로부터 전달된 정보의 범위 내에서만
활동할 수 있을 뿐입니다.

인간의 몸을 숙주로 하여 살아가고 있는
모든 생명체들 역시
바이러스에 의해 정보를 전달받고 있으며
바이러스에 의해 전달된 정보의 범위 내에서 활동하고 있습니다.

바이러스는 생명체와 비생명체의 중간적 입장을 고수하며
땅에 있는 생명체들에게 하늘의 메시지를 전달해 왔습니다.
우주에서 완전한 하나의 생명체는
다른 생명체의 삶에 직접적 영향을 줄 수 없습니다.

바이러스는 하늘에 의해
온전한 생명체가 아닌 생명체를 통해
하늘의 메시지를 땅에 있는 생명체에게 전달하기 위해
단세포 생명체인 바이러스가 탄생되었습니다.

바이러스의 핵에 있는 핵산에
하늘이 필요한 정보를 심어
숙주에게 전달하는 방식을 사용해 왔습니다.

바이러스의 의식에 정보를 담아
지상에 있는 생명체들에게 하늘의 정보를 전달해 왔습니다.
바이러스를 통해 하늘의 정보가
프로그램된 의식을 통해 생명체에게 전달되어집니다.

바이러스는
행성의 영단에서는 문명에 큰 변화를 주어야 할 때
주로 사용해 왔습니다.
바이러스는 행성의 영단에서
대규모의 질병의 발현을 통해
인구의 감소가 필요할 때 이용하였습니다.

태풍은 지구 행성에서 에너지 순환이나 정화를 위한 목적으로
하늘에 의해 탄생됩니다.
감기 바이러스는 인체의 신체 주기에 영향을 주고
에너지를 전환시키고자 할 때 많이 이용됩니다.

인간의 입장에서 바이러스는
없애고 싶은 병원균으로 이해하고 있습니다.
인간의 입장에서 바이러스는
불필요한 존재이며
인간에게 고통을 주는 존재에 불과합니다.

하늘의 입장에서 바이러스는
하늘의 필요에 의해 탄생된 의식이 있는 생명체입니다.

하늘의 입장에서 바이러스는 반드시 살아남아야 하기 때문에
인류의 과학 기술로는 퇴치할 수 없도록
필요한 조치를 취해 놓았습니다.
바이러스는 비교적 높은 의식을 가지고 있습니다.
감기 바이러스 역시 5차원의 의식을 가지고 있기에
인류의 과학 기술로는 퇴치할 수 없도록 창조되었습니다.

바이러스를 통해 인체에게 전달되는
하늘의 메시지는 다음과 같습니다.

첫째
생명체의 항상성을 유지하기 위한
면역력을 높여야 하는 수준이 바이러스를 통해 통보됩니다.

둘째
생명체에게 불치병과 난치병의 발생 시기를 알려주고
질병을 유발시키는 시스템을 작동시키는 역할을 합니다..

셋째
생명체에게 질병을 통한 죽음의 방식이
바이러스를 통해 통보되고 나면
바이러스에 담긴 정보를 생명체들이 수신한 뒤
명령을 수행하여 질병을 발생시켜
생명체의 죽음을 준비시키게 됩니다.

넷째

바이러스를 통해 무너진 몸의 항상성을 바로잡기 위한
염증 반응을 유발시킵니다.
바이러스를 통해 몸의 진동수를 높이기 위해서
필요한 염증 반응과 함께
세포들을 격려하고 독려하는 역할이 있습니다.

생명체에게 하늘의 정보를 가지고 들어온 바이러스는
자신이 가지고 온 정보들이
온전하게 생명체에서 이루어지는지
전 과정을 끝까지 함께하고
바이러스 시스템에 보고를 한 후
새로운 명령을 위해 대기하게 됩니다.

바이러스가 하늘의 메시지를 가지고
생명체의 몸에 들어갈 때와
생명체의 몸에 들어가 메시지를 전하고
메시지의 내용이 집행되는 과정에서
하늘의 천사들의 도움을 받아 업무를 처리하고 있습니다.

지구 행성의 물질문명을 종결하기 위해
인류의 고통을 줄이기 위해
하늘의 높은 의식을 가진 바이러스를 통한
괴질(怪疾)이 준비되어 있음을 전합니다.

5차원의 의식을 가진 바이러스와
7차원의 의식을 가진 바이러스가 준비되었습니다.

인간의 과학 기술보다 높은 의식을 가진 바이러스가
인간의 몸에 들어오게 될 것입니다.

바이러스는
인간의 의식보다 높기에
하늘이 준비한 표식으로
살 사람과 죽을 사람을 인식하여
죽기로 예정된 사람만을 타겟으로 하여
질병을 유발시키게 될 것입니다.

바이러스는
인간의 의식보다 높기에
하늘의 메시지를 가지고 인간의 몸에 들어와서
그 사람에게 하늘에서 입력한 고통을 유발시키는 프로그램을
가동하게 될 것입니다.

바이러스는
하늘의 의식으로 창조되었기에
하늘의 전체의식과 연결되어 있기에
한 치의 오차없이
살 사람과 죽을 사람을 스스로 인식하여
프로그램을 가동시킬 것입니다.

기록의 필요성이 있어
우데카 팀장이
하늘과의 조율속에
하늘과의 소통속에
이 글을 기록으로 남깁니다.

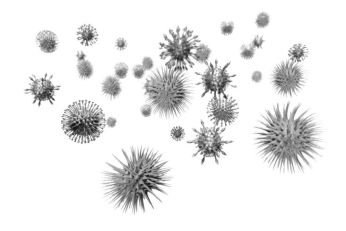

질병과 카르마와의 관계

영혼이 물질 체험을 하는 과정에서 발생한 카르마는
누군가가 대신 해소해줄 수 없습니다.
자신이 지은 카르마는 반드시 자신이 해소하는 것이
우주의 보편적인 법칙입니다.

영혼이 물질 체험을 하는 과정에서 발생한 카르마는
반드시 생명체의 몸을 통하여 해소하는 것이
우주의 보편적인 법칙입니다.

영혼이 생명체의 몸을 통해 카르마를 해소할 때는
육체적인 질병을 통하여
가장 많은 카르마를 해소하게 됩니다.

영혼이 카르마를 해소하기 위해
장부에 카르마 에너지장을 설치하거나
봉인 에너지장을 설치하게 됩니다.
장부에 설치된 카르마 에너지장 때문에
불치병이나 난치병이 발생하게 됩니다.
장부에 설치된 봉인 에너지장 때문에
감정장애나 인지장애가 발생하게 됩니다.

영혼이 카르마를 해소하기 위해
인간의 의식선과 감정선에 봉인과 카르마 에너지장을 설치하여
정신적인 고통이나 정신분열을 통하여 카르마를 해소하게 됩니다.

영혼이 카르마를 해소하기 위해
인간의 몸에 있는 경락 시스템에 봉인과 카르마 에너지장을 설치하여
순환기 계통의 질병을 통하여 카르마를 해소하게 됩니다.

영혼이 카르마를 해소하기 위해
영혼이 카르마를 발생할 때 뿜어낸 부정적인 에너지들을
그대로 장부에 심어 놓고 그 부정적인 에너지를 발산하면서
카르마를 해소하게 됩니다.

영혼의 물질 체험을 하는 영혼에게 가장 큰 카르마는
생명을 존중하지 않고 파괴하고 살생하는 것입니다.

하늘에서 죄를 짓고 땅으로 쫓겨난 천사들에게는
날개달린 육고기를 먹지 못하도록 하였습니다.

생명을 존중하지 않고 살생의 카르마를 가진 영혼들은
네발달린 짐승의 고기를 먹지 못하게 하며
극단적인 채식주의자의 삶을 살도록 하게 됩니다.

생명을 존중하지 않고
타인의 자유의지를 심각하게 침범한 영혼들에게는

얼굴에 있는 감각기관에 심각한 장애를 통해
카르마를 해소하도록 하였습니다.

생명을 존중하지 않고 자만과 교만이 지나쳐
타인을 존중하지 않은 영혼들에게는
자기만의 세상에 빠져 살도록 하였습니다.
사람들과 어울려 살기 어렵게
감각기관에 봉인이 많이 설치되어 있습니다.

하늘에서 죄를 짓고 쫓겨난 천사들 중에
생명을 존중하지 않고 자만과 교만이 넘치는 천사들에게는
사람의 향기를 맡을 수 없도록
후각기관에 장애를 심어 놓았습니다.

자기 고집이 너무 강해서
타인의 말을 전혀 듣지 않거나
타인과의 소통을 하지 않으려는 모순을 가진 영혼들에게는
타인의 말이 얼마나 소중한지를 배우고 체험하기 위해
청각기관에 이명과 난청이라는 장애를 심어 놓았습니다.

물질에 대한 강한 집착으로 발생한 카르마를 가진 영혼들에게는
위와 뇌에 의도적인 오류를 일으키게 하는
봉인과 카르마 에너지장을 통하여
당뇨병을 통한 카르마 해소가 진행됩니다.

성적 착취나 성적 욕망을 남용한 카르마가 있는 영혼들에게는
감정을 느끼지 못하거나 성적 불감증으로
아무도 부러워하지 않는 삶을 살게 됩니다.

권력에 대한 강한 집착으로 발생한 카르마가 있는 영혼들에게는
그 결과 원인을 알 수 없는 통증에 시달리거나
신체 일부에 장애가 발생하기도 하며
난치병과 불치병으로 고통받는 삶을 살게 됩니다.

생명체들의 의식에 고통을 준 카르마가 많은 영혼일수록
자신의 몸에 지워지지 않는 주홍글씨처럼
카르마 에너지장을 감정선과 의식선에 그대로 새기고 태어나게 됩니다.
그 결과 지독한 감정장애를 동반한
우울증과 심각한 정신분열증으로 나타나게 됩니다.

남성성을 남용하여 카르마를 지은 영혼들에게는
평범한 여성의 삶을 살면서
부인과 질환을 통해 카르마를 해소하게 됩니다.

여성성을 남용하여 카르마를 지은 영혼들에게는
성욕이 약한 남성의 삶을 살면서
비뇨기과 질환을 통해 카르마를 해소하게 됩니다.

하늘에서 죄를 짓고 쫓겨난 천사들 중에는
네발달린 짐승의 고기는 마음대로 먹을 수 있으나

하늘을 나는 조류들 중에 특정한 종류의 고기를 먹을 수 없도록
하늘의 형벌이 주어집니다.

하늘의 전체의식에서 벗어나 의식에 문제가 생긴 천사들은
지독한 시력장애를 동반한 감정장애와 인지장애를 통해
카르마를 해소하게 됩니다.

하늘의 전체의식에서 벗어나 업무를 할 수 없게된 천사들은
메타인지가 잘 되지 않게 조물되어
눈치없는 사람이 되거나 자기중심적인 사람이 됩니다.

하늘의 전체의식에서 벗어나 땅으로 쫓겨난 천사들 중 일부는
무슨 일을 해도 결과가 좋지 않도록 유도하기 위해
손목부위와 발목부위에 설치된 경락 시스템이
정상인에 비해 50~60% 수준으로 조물됩니다.

일반 영혼들보다 더 많은 사고조절자를 가지고 있는 천사들이
자만과 교만으로 인하여 카르마가 발생한 경우에는
과도한 사고조절자의 발현을 막기 위하여
인지장애를 통해 바보는 아니지만 약간은 모자란 사람으로 살면서
카르마를 해소하게 됩니다.

창조주께서 천사들에게 부여한 양심을 잃어버린 천사들이
영혼의 교정이 필요한 경우 땅으로 쫓겨나
유물론자와 공산주의자의 삶을 통해 카르마를 해소하게 됩니다.

하늘은 아무에게나 난치병을 앓게 하지 않습니다.
하늘은 아무에게나 불치병을 앓게 하지 않습니다.
하늘은 아무에게나 정신질환을 앓게 하지 않습니다.

하늘은 아무에게나 신체장애를 가지고 살게 하지 않습니다.
하늘은 아무에게나 감각장애를 가지고 살게 하지 않습니다.
하늘은 아무에게나 감정장애를 가지고 살게 하지 않습니다.

하늘은 아무에게나 희귀병을 앓도록 프로그램 하지 않습니다.
하늘은 아무에게나 치매를 앓도록 프로그램 하지 않습니다.
하늘은 아무에게나 치명적인 질병을 프로그램 하지 않습니다.

우연히 발생하는 질병은 없습니다.
우연히 발생하는 정신질환은 없습니다.

우연을 가장하여 일어날 일들이 때가 되어
봉인 에너지장이 발현되어
다양한 질병으로 나타나고 있을 뿐입니다.

우연을 가장하여 일어날 일들이 때가 되어
카르마 에너지장이 발현되어
다양한 질병의 형태로 나타나고 있을 뿐입니다.

빛의생명나무
생명창조팀 소개

생명창조팀은
하늘과의 소통을 통하여
미래의학을 준비하는 의료인팀입니다.

생명창조팀은
하늘과의 소통을 통하여
생명 탄생의 비밀을
인류에게 전하기 위해 조직된 팀입니다.

생명창조팀은
하늘과의 소통을 통하여
생명속에 펼쳐져 있는
생명에 대한 대우주의 진리를 전하는 팀입니다.

생명창조팀은
하늘과의 동행을 통하여
한의학의 부활을 위해
팀장님께서 직접 준비하신 팀입니다.

생명창조팀은
경락 차크라 치유의 원리와
하늘의 빛 치유의 원리를
인류에게 전하기 위해 준비된 팀입니다.

생명창조팀은
선천의 물질중심의 낡은 의료 매트릭스 대신에
후천의 정신문명에 꼭 필요한
고도로 진화한 새로운 의료 매트릭스를 설치하기 위해
하늘이 준비한 팀입니다.

생명창조팀은
새 하늘과 새 땅에서 살아갈 새로운 인류의 탄생을 위해
하늘이 준비한 팀입니다.

생명창조팀은
현생인류인 호모 사피엔스의 몸을 이해하고
미래인류인 호모 아라핫투스를
하늘과 함께 땅에서 동행하며
창조하기 위해 준비된 팀입니다.

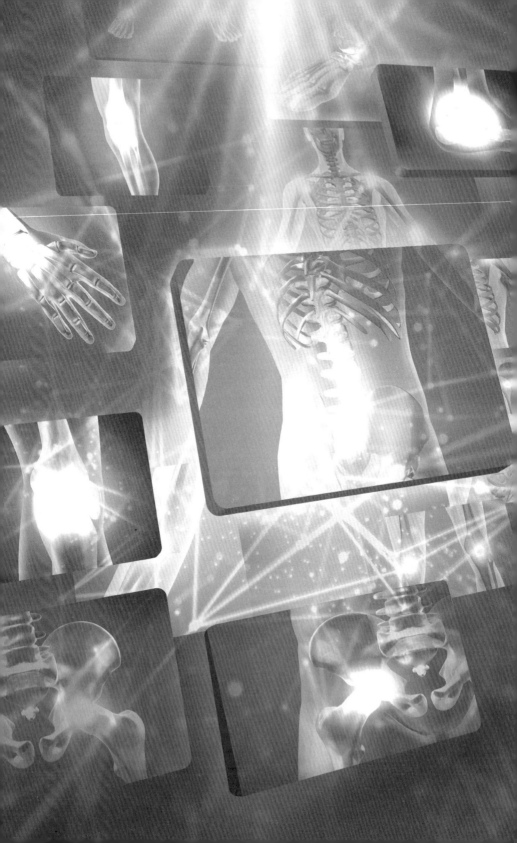

제2부 **의통의 시대를 시작하며**

하늘이 인간의 질병을 하늘의 빛으로 치유하는
의통의 시대가 시작되었습니다.
하늘의 천사들이 인간의 질병을 치유하는
의통의 시대가 시작되었습니다.
영적 능력이 있는 사람들이 하늘과 소통하여
하늘의 빛으로 인간의 몸을 치유하는
의통의 시대가 시작되었습니다.

몸이 아프다는 것이 갖는 의미

몸이 아프다는 것은 마음이 아프다는 것을 의미합니다.
몸이 아프다는 것은 마음이 상처받았기 때문입니다.

몸이 아프다는 것은 마음이 편하지 않기 때문입니다.
몸이 아프다는 것은 내 마음이 내 마음대로 되지 않기 때문입니다.

몸이 아프다는 것은 마음이 병들어 있기 때문입니다.
몸이 아프다는 것은 마음에 깊은 병이 있다는 것을 의미합니다.

몸이 아프다는 것은 나의 의식에 문제가 있다는 것을 의미합니다.
몸이 아프다는 것은 잠재의식에 문제가 있다는 것을 의미합니다.
몸이 아프다는 것은 무의식에 문제가 있다는 것을 의미합니다.

몸이 아프다는 것은 내 영혼이 아프다는 것을 의미합니다.
몸이 아프다는 것은 내 영혼이 병들어 있다는 것을 의미합니다.
몸이 아프다는 것은 내 영혼이 깊은 병이 있다는 것을 의미합니다.

몸이 아프다는 것은 영혼이 슬퍼하고 있다는 것을 의미합니다.
몸이 아프다는 것은 영혼이 치유받고 싶다는 것을 의미합니다.
몸이 아프다는 것은 영혼백의 에너지 정렬이
무너졌다는 것을 의미합니다.

몸이 아프다는 것은 장부의 음양의 균형이
무너졌다는 것을 의미합니다.

몸이 아프다는 것은 장부에 있는 의식들 사이에
충돌이 일어나고 있기 때문입니다.

몸이 아프다는 것은 몸에 빛이 부족하기 때문입니다.
몸이 아프다는 것은 몸에 하늘로부터 공급되는
빛의 공급이 원활하지 않기 때문입니다.

몸이 아프다는 것은 몸에 진동수가 떨어져 있기 때문입니다.
몸이 아프다는 것은 몸에서 차크라 가동률이
떨어져 있기 때문입니다.

몸이 아프다는 것은 음식을 통해 몸에서 생성되는
정(精)이 부족하기 때문입니다.

몸이 아프다는 것은 음식을 통해 생성되는
기(氣)가 부족하기 때문입니다.

몸이 아프다는 것은 음식을 통해 몸에 공급되는
빛이 부족하기 때문입니다.

몸이 아프다는 것은 혈액을 만드는데 꼭 필요한
위장의 위생혈(胃生血)의 기능이 떨어져 있기 때문입니다.

몸이 아프다는 것은 혈액에 빛을 공급하는
심장의 심생혈(心生血)의 기능이 떨어져 있기 때문입니다.

몸이 아프다는 것은 혈액을 정화하는
간의 간장혈(肝藏血)의 기능이 떨어져 있기 때문입니다.

몸이 아프다는 것은 단전에 축기(蓄氣)가 잘 되지 않기 때문입니다.
몸이 아프다는 것은 몸에 빛이 부족하기 때문입니다.

불치병과 난치병이 치유되는 원리

하늘의 계획이 있기에
땅에서의 펼쳐짐이 있습니다.
눈에 보이는 세계는
눈에 보이지 않는 세계의 원리에 의해 결정된 이후에
땅에서 펼쳐지는 것입니다.

인간의 현대의학으로 치료가 어려운
난치병과 불치병 또한 보이지 않는 세계에서
보이지 않는 하늘에 의해 계획과 결정이 먼저 이루어진 후
인간의 몸에 난치병과 불치병으로 나타나는 것입니다.
난치병과 불치병이 생기는
보이지 않는 세계에서의 법칙들은 다음과 같습니다.

1. 영혼의 진화 과정상 공적 카르마에 의한
   카르마 해소 과정에서 발생합니다.

2. 윤회 과정 중 자유의지의 남용으로 인한
   개인 카르마를 해소하는 과정에 발생합니다.

3. 경락에 흐름을 막는 경락의 봉인이나
   오장 육부에 기능을 저하시키는

인간의 눈에는 보이지 않는 에너지막을 설치하여
기혈의 흐름을 차단시키는 장부 봉인에 의해 발생됩니다.

4. 임맥(任脈)상에 있는 12개의 감정을 조절하는 에너지선들을 통해
   감정장애나 정서장애가 발생하게 됩니다.
   임맥상에 존재하는 12개의 감정선들이 작동되지 못하도록
   12개 감정선들이 봉인이 되어 있거나
   불능 상태로 있는 경우가 많습니다.

5. 독맥(督脈)상에 있는 7개의 의식을 조절하는 에너지선들을 조절하여
   지능을 조절하고 의식 상태의 수준을 조절합니다.
   대개 난치병과 불치병 환자들은
   임맥과 독맥상에 많은 봉인들이 존재하고 있으며
   현대 의학으로는 보이지 않는
   인간이 태어날 때 설치한 봉인들로 인하여
   장부의 기능들이 원활하게 작동하지 못하도록 되어 있습니다.

6. 하늘의 정교한 프로그램에 의해
   귀신들이나 어둠의 천사님들이 들어와서
   기혈을 막고 있는 경우가 있습니다
   인간의 몸에 귀신이 들어오고 나가는 것도
   하늘의 완전한 통제속에 있으며
   하늘의 승인이 없이는 귀신이나 사탄(어둠의 천사님) 또한
   인간의 몸에 함부로 들어올 수도 나갈 수도 없는 것이
   영계의 법칙이자 우주의 엄격한 법칙입니다.

7. 경혈 하나 열리고 닫히는 것 조차도

　경락이 열리고 닫히는 것 조차도

　하늘의 완전한 관리와 통제 속에 있으며

　하늘이 설치해 놓은 봉인들은

　인간의 과학기술과 의지로는 조절이 불가능한 영역입니다.

　특수한 경혈들에 빛 한 줄기 들어오고 나갈 수 없도록

　경혈들이 봉인되어 있는 경우도 있습니다.

8. 영혼의 진화 과정상

　장애인의 체험이 필요한 경우

　장애의 수준을 하늘에서는 결정하게 됩니다.

　하늘에서 결정된 장애의 수준에 따라

　인간의 몸에는 다양한 방법으로

　경락 봉인과 장부의 봉인을 설치하게 됩니다.

9. 하늘의 승인이 없이는

　바이러스나 세균조차도

　인간의 몸에 크게 영향을 줄 수 없으며

　인간의 정상적인 면역체계 내에서

　해결될 수 있도록 되어 있습니다.

　인간의 면역체계 이상이나 각종 암들조차도

　인간의 카르마의 해소와

　삶의 프로그램을 진행하기 위한

　하늘의 계획과 완전한 통제속에 있습니다.

난치병과 불치병이 치유되는
보이지 않는 세계의 결정의 절차는 다음과 같습니다.

1. 카르마와 관련해서 생긴 질병들은
   카르마 위원회(11차원)의 승인이 있어야
   각종 장부에 설치된 봉인과
   경락에 설치된 봉인들을 풀 수 있습니다.

2. 인지장애나 발달장애의 질병들은
   의식을 구현하는 메타 의식구현 시스템과
   독맥에 존재하는 7개의 의식을 조절하는
   코드들의 정상화 작업이 이루어져야 하는데
   천상정부(9차원)의 승인이 있어야 합니다.

3. 눈에 보이지 않는 세계에서의 치유는
   겉으로는 인간이 하는 것처럼 보이지만
   실제로는 하늘에서 일하는 것이며
   하늘은 인간의 눈으로는 보이지는 않지만
   치유와 관련된 하늘의 존재들은
   3가지 에너지체들에 의해 이루어지고 있습니다.

4. 요정님들과 용분들과
   하늘의 의사 역할을 맡고 계시는
   라파엘 그룹 소속의 천사님들에 의해
   치유가 실제로 이루어지고 있습니다.

난치병과 불치병이 치유되는 것은
하늘이 권능을 부여한 인자만이
그 역할들을 수행할 수 있습니다.
지구 차원상승 과정에서
빛의 일꾼 144,000명 중
그러한 일을 하기로 예정된 역할자와 사명자들에게는
이러한 치유 권능들이 하늘로부터 주어질 것입니다.

보이지 않는 세계를 믿게 하기 위해
보이지 않는 하늘을 보이는 하늘로 보여주기 위해
인간과 하늘 사이의 간격을 좁히기 위해
빛의 일꾼들의 원활한 임무 수행을 위해
하늘의 치유 권능들이
하늘의 좁은문을 통과한 인자들에 한해
하늘로부터 부여될 것입니다.

지구 차원상승 과정에서
물질문명이 종결되는 참혹한 현실 속에서
지축 이동이 일어나는 한 치 앞도 보이지 않는 생과 사의 갈림길에서
하늘이 준비한 빛의 일꾼들을 통해
수많은 이적과 기적이 일어나는 치유의 순간들이 올 것입니다.

2천 년 전 예수님이 행했던 병 치유의 기적 역시
이러한 절차들 속에 진행된 하늘의 계획이 집행되었던 것입니다.

하늘에 치유의 인연이 있는 인자들을 대상으로
불치병과 난치병들이 치유되는 치유의 기적들이 있을 것입니다.

빛의 일꾼들에게 주어지는 치유의 능력들은
차크라의 개통과 함께
경락 차크라 치유의 원리를 알고 있거나
경락 차크라 치유를 공부한 인자들 중에
하늘의 좁은문을 통과한
빛의 일꾼들에게 주어질 것입니다.

그렇게 될 것이며
그렇게 예정되어 있으며
그렇게 되었습니다.

하늘이 인간의 질병을
직접 치유하는 시대가 시작되었습니다

하늘이 인간의 질병을 치유하는 시대를 의통의 시대라 합니다.
하늘이 인간의 질병을 하늘의 빛으로 치유하는 시대를
의통의 시대라 합니다.
하늘이 인간의 질병을 인간의 방식이 아닌 하늘의 방식으로
하늘의 빛에 의해 인간의 질병이 치유되는 시대를
의통의 시대라 합니다.

하늘의 천사들이 인간의 몸에 들어와
하늘의 빛으로 인간의 질병을 직접 치유하고 관리하는 시대를
의통의 시대라 합니다.

하늘의 천사들이 빛의 통로 역할을 하는 인자들을 통하여
세상의 방식이 아닌 하늘의 빛으로 인간의 몸을 치유하는 시대를
의통의 시대라 합니다.

하늘의 천사들과 영적 능력이 있는 사람들이
서로 소통하며 서로 함께 동행하며
하늘의 빛으로 인간의 몸을 치유하는 시대를 의통의 시대라 합니다.

하늘에서 인간을 창조하고 인간을 탄생시킨
하늘의 의사그룹인 라파엘 천사들이 인간의 몸에 들어와서

하늘의 빛으로 직접 인간의 질병을 치유하는 시대를
의통의 시대라고 합니다.

인간의 몸에는 하늘의 의사그룹인 라파엘 천사들이
인간의 생로병사의 주기에 관여하며 함께 동행하고 있었습니다.
2021년 7월 2일부터
인간의 몸에 들어와 인간과 동행하고 있는
라파엘 그룹 소속 천사들에게
인간의 질병을 치유할 수 있는 권한들이 대폭 확대되었습니다.

지금까지 하늘은 의료인들을 통하여 간접적으로
인간의 질병을 관리하고 치유하여 왔습니다.
인간의 질병을 치유하는 의료인들에게는
하늘의 의사그룹인 라파엘 천사들이 많이 배치되어
의료 매트릭스를 유지하고 관리하여 왔습니다.

지금까지 하늘은 소수의 종교인들에게 영적 능력을 주어
인간의 질병을 치유하는 방식으로
의료 매트릭스를 유지하고 관리하여 왔습니다.

지금까지 하늘은 소수의 사람들에게
하늘의 의사인 천사들을 배속하여
보이지 않는 손으로 인간의 질병을 치유하는 방식으로
인간의 삶에 관여하여 왔습니다.

지금까지 하늘은 하늘의 빛의 통로 역할을 하기로 예정되어 있던
전문 의료인들과 소수의 영적 능력을 가진 사람들에게만
보이지 않는 손으로 인간의 질병을 관리하고 치유하여 왔습니다.

하늘이 직접 인간의 몸을 치유할 수 있는 하늘의 문이 열렸습니다.
하늘이 직접 인간의 몸에 들어와 이적과 기적을 펼칠 수 있는
하늘의 문이 열렸음을 전합니다.

하늘의 빛의 통로로 준비된 새로운 인자들에게
천사들과 동행을 통하여 인간의 질병을 치유할 수 있는
영적인 능력들이 부여될 예정입니다.

하늘의 빛의 통로로 준비되어 있는 빛의 일꾼들에게
천사들과 함께 인간의 질병을 치유할 수 있는 능력들이
시작될 것입니다.

의통의 시대 없이 창조주의 시대를 열 수 없습니다.
의통의 시대 없이 영성의 시대를 열 수 없습니다.
의통의 시대 없이 만인성불의 시대를 열 수 없습니다.
의통의 시대 없이 새 하늘과 새 땅을 열 수 없습니다.
의통의 시대 없이 왜곡된 의료 시스템을 바로잡을 수 없습니다.
의통의 시대 없이 새로운 의료 시스템을 열 수 없습니다.

의통의 시대는
이적과 기적의 시대가 시작되었음을 의미합니다.

의통의 시대는
지구 행성의 차원상승이 본격적으로 시작되었음을 의미합니다.

의통의 시대는
하늘이 땅으로 내려왔음을 상징합니다.
의통의 시대는
선천의 하늘이 마무리되고 후천의 하늘이 시작되었음을 의미합니다.
의통의 시대는
창조주의 권능이 땅에서 펼쳐짐을 의미합니다.

하늘의 시절인연이 있는 인자들에게
하늘의 축복이 시작되었음을 전합니다.

하늘의 시절인연이 있는 빛의 일꾼들에게
하늘의 축복이 시작되었음을 전합니다.

질병으로 고통받고 있는 인자들 중에
하늘의 시절인연이 있는 인자들에게
하늘의 축복이 시작되었음을 전합니다.

시절인연이 있는 하늘 사람들과 빛의 일꾼들에게
우데카 팀장이 하늘의 기쁜 소식을 전합니다.

인간의 몸에서 질병을 치유하는 천사들

지구 행성에 살고 있는 인구 숫자보다
지구 행성에 근무하고 있는 천사들의 숫자가
10배 이상이나 더 많습니다.

영혼이 태어난지 얼마 되지 않은 6차원의 흰빛 영혼에게는
평균 3분의 천사님이 배치되어
영혼의 물질 체험을 함께하고 있습니다.
영혼이 태어나 조금 성장한 영혼인 8차원의 은빛 영혼에게는
평균 4분 정도의 천사님이 배치되어 인간의 삶에 관여하고 있습니다.

영혼이 진화하여 청년기에 접어든 10차원의 핑크빛 영혼들에게는
평균 5분의 천사들이 배치되어 인간의 삶에 영향을 미치고 있습니다.
영혼이 진화하여 중장년기에 접어든 12차원의 노란빛 영혼들에게는
평균 6분의 천사들이 배치되어 인간의 삶을 관리하고 있습니다.

물질계를 졸업한 14차원의 녹색빛 영혼들에게는
평균 7분의 천사들이 배치되어 인간의 삶을 감독하고 있습니다.
태극의 세계인 15차원에서 하강한 영혼들인
청색빛의 영혼들에게는 평균 8분의 천사들이 배치되어
인간의 삶에 깊이 관여하고 있습니다.

무극의 세계인 17차원에서 하강한 영혼들인 남청색의 영혼들에게는
평균 9분의 천사들이 배치되어 인간의 삶에 깊이 관여하고 있습니다.
무극의 세계인 18차원에서 하강한 영혼들인 보라색의 영혼들에게는
평균 12분의 천사들이 배치되어
인간의 삶에 깊이 관여하고 있습니다.

인간의 몸에 배치된 천사들은 크게 3종류입니다.
첫째
인간의 삶이 하늘에서 계획한 프로그램대로
살아갈 수 있도록 하는 것을 담당하는 천사그룹이 있습니다.

둘째
인간의 감정과 의식선에 배치되어
인간의 감정과 의식을 관리하여
영혼의 물질 체험을 풍부하게 하는 것이 주업무인
천사그룹이 배치되어 있습니다.

이 그룹의 천사들이 많이 배치되어 있는 사람들은
스타가 되거나 성직자나 예술가의 자질이 나타나게 됩니다.

셋째
인간의 항상성과 면역력을 유지하고
인간의 질병을 치유하고
인간의 생로병사에 직접 관여하는
하늘의 의사인 라파엘 천사들이 배치되어 있습니다.

인간의 몸에 배치된 라파엘 천사들에 의해
인간의 생로병사는 관리되고 있습니다.
인간의 몸이 질병으로부터 치유되는 모든 과정에
라파엘 천사들이 참여하고 있습니다.
인간의 몸에 항상성을
보이지 않는 손이 되어 조절해주고 있습니다.
인간의 몸에서 일어나고 있는
자연 치유력과 자연 면역력을 관리해주는 역할을
인간의 몸에 배치된 라파엘 천사들이 관리를 해주고 있습니다.

인간의 몸에 배치된 라파엘 천사들이 하는
고유 업무는 다음과 같습니다.

첫째
인간의 몸에 있는 차크라 시스템을 관리합니다.
인간의 몸에 있는 차크라 시스템을 통해
인간의 생로병사에 관여하고 있습니다.

둘째
인간의 몸에 설치된 경락 시스템을
관리하고 통제하는 역할이 있습니다.
경락 시스템을 열고 닫으며
인간의 몸에서 발생하는 통증을 치유하며
인간의 질병을 유발하기도 하며
인간의 질병을 치유하기도 합니다.

인간의 몸을 구성하고 있는
공의 세계와 기의 세계와 색의 세계에 설치되어 있는
무형의 기계장치들의 관리와 수리를 통해
인간의 몸에 항상성과 면역력을 관리하고 있습니다.

셋째

인간의 몸에 배치된 라파엘 천사의 차원이 높을수록
인간의 몸에 배치된 라파엘 천사의 숫자가 많을수록
타인의 질병을 치유할 수 있는 능력이 주어집니다.

인간의 몸에 배치된 라파엘 천사의 차원이 높고
인간의 몸에 배치된 천사의 숫자가 많고
인간의 몸을 치유할 수 있는 능력을 가진
라파엘 천사들의 도움을 외부에서 받을 수 있을 때
이적과 기적의 질병의 치유가 일어날 수 있습니다.

넷째

인간의 몸은 7년을 주기로 새롭게 셋팅이 이루어집니다.
인간의 몸이 성장하거나 노화가 이루어지는 모든 과정에
최적화된 프로그램을 입력하고 철저한 관리가 이루어집니다.

인간의 삶의 프로그램에 맞는 몸 상태를
유지하고 관리하는 역할을 맡고 있습니다.
인간의 몸에 발생하는 모든 질병을
프로그램하고 집행을 하고 있습니다.

인간의 몸에서 발생한 모든 질병에 대해
배치된 라파엘 천사의 등급에 따라
치유가 가능한 질병이 있으며
치유가 불가능한 질병이 있습니다.

다섯째
인간의 몸에 배치된 라파엘 천사는
의사그룹이나 대체의학을 하는 사람에게
가장 많이 배치되어 있습니다.

인간의 몸에 배치된 라파엘 천사들끼리
서로 정보 교류를 통해 치유를 돕고 있습니다.

인간의 몸에 배치된 라파엘 천사들은
하늘의 전체의식 속에 있으며
하늘의 엄격한 관리와 통제속에서
인간의 질병의 치유를 위해 봉사하고 있습니다.

인간의 몸에 배치된 라파엘 천사들은
인류의 의식의 눈높이에서 일하고 있습니다.
손목이나 발목을 삔 사람에게
이적과 기적이 일어나도록 치유하지 않습니다.

그 사회의 의료 시스템을 고려하여
그 사회의 의료 수준을 고려하여

그 사회의 의식 수준을 고려하여
모든 질병에 대한 치유 프로그램이 자동화가 되어
전체의식 속에서 치유가 이루어지고 있습니다.

인간의 질병을 치유하는 자동화 프로그램은
인간의 사회 발전의 속도에 따라
인간의 과학 기술의 발전 속도에 따라 다양하게 존재합니다.
이런 방법에 의해 행성마다
다양한 의료 매트릭스를 설치할 수 있는 것입니다.

인간의 몸에 배치되어 있는 라파엘 천사들은
인간이 하늘에서 계획한 인생의 프로그램을
땅에서 잘 이행할 수 있도록
인간의 질병을 관리하는 역할이 있습니다.

인간의 몸에 배치되어 있는 라파엘 천사들은
물질 체험을 하는 영혼이
인간의 몸에서 발생할 수 있는 건강과 질병에 대한 변수들을
제거하고 관리하는 역할이 있습니다.

기록의 필요성이 있어
정리의 필요성이 있어
우데카 팀장이 이 글을 기록으로 남깁니다.

하늘이 의료 매트릭스를 운영하는 원리 ❶
의통의 실체

모든 생명체들은 하늘에서 창조되었습니다.
모든 생명체들은 하늘의 우주 공학기술에 의해
공의 세계와 기의 세계에서 창조되었습니다.
모든 생명체들은
보이지 않는 공의 세계와 기의 세계에서 창조된 후
눈에 보이는 세계인 색의 세계에서
생명이 탄생되었습니다.

하늘(무극의 세계)에서 생명체들을 창조하는
최고의 전문 천사그룹들을
생명창조팀이라고 합니다.

하늘(태극의 세계)에서 생명체의 탄생과
생명체들의 의식과 감정을 구현하는 시스템을
창조하는 일을 맡고 있는
최고의 전문 천사그룹들을
생명 탄생팀이라고 합니다.

행성(땅)에서 생명체들의 질병을 치유하고
생명체들의 생명력을 관리하는 전문 천사들을
라파엘 천사라고 합니다.

무극에 있는 생명창조팀과
태극에 있는 생명 탄생팀과
삼태극에 있는 천사들인 하늘의 의사그룹을 통칭하여
우주에서는 이들을
라파엘 그룹 또는 라파엘 천사라고 합니다.
하늘은 라파엘 천사들을 통해
행성에 의료 매트릭스를 설치하여 운영하고 있습니다.

원시 부족의 족장에게는
인간의 질병을 치유할 수 있는 라파엘 천사들이 배치되어
우연을 가장하여
아무도 모르게 아무도 모르게
치유에 관여하고 있습니다.

치유 능력이 있는 족장이나 주술자에게는
보통 3분 정도의 라파엘 천사들이 배치되어
보이지 않는 세계에서 부족민을 치유하고 있습니다.

치유 능력이 뛰어난 족장이나 주술자에게는
보통 5~6명의 라파엘 천사들이 배치되어 있습니다.
치유 능력이 있는 사람들과
치유 능력이 있는 대체 의료인들에게는
비교적 더 많은 수의
라파엘 천사들이 배치되어 있습니다.

치유 능력을 가지고 있는 영적 능력자들에게는
차원이 높은 라파엘 천사들이 배치되어 있으며
그 숫자 또한 6명 이상이 배치되어 있습니다.

인류의 의식의 눈높이에서 보면
치유 능력이 있는 영적 능력자에 의해
인간의 질병이 치유되는 것처럼 보일 것입니다.

하늘의 입장에서 보면
치유 능력이 있는 영적 능력자의 권능은
사람의 권능이 아니라 하늘의 권능입니다.
하늘의 입장에서 보면
치유 능력이 있는 사람의 영적인 능력은
하늘의 필요에 의해 배치되어
보이지 않는 세계에서
인간의 질병을 치유하고 있는
라파엘 천사들의 권능일 뿐입니다.

인간의 질병을 치유할 수 있는 능력을 가진 사람에게는
하늘의 의사인 라파엘 천사들이
예외없이 누구에게나 배치되어 있습니다.
인간의 질병을 치유하는 의사분들에게도
수많은 하늘의 의사인 라파엘 천사들이 배치되어
아무도 모르게 활동하고 있습니다.

의사 한명당 최소 3분의 라파엘 천사들이 배치되어
치유를 돕고 있습니다.
의사 한명당 평균 5분의 라파엘 천사들이 배치되어
치유를 돕고 있습니다.
응급실에 배치된 의사나
수술을 많이 하는 의사분들에게는
최대 9분까지 배치되어 치유를 돕고 있습니다.

우연을 가장하여
보이지 않는 세계에서
보이지 않는 손이 되어
하늘의 의사인 라파엘 천사들이 동행하여
의료인과 함께 동행하며
치유가 이루어지고 있습니다.

이적과 기적의 치유가 일어나고 있는 곳에서는
용하다고 소문이 나 있는 곳에서는
예외없이 보이지 않는 세계에서
높은 차원의 라파엘 천사들이 맹활약하고 있습니다.

하늘은 하늘이 일하는 방식에 의해
아무도 모르게 아무도 모르게
하늘의 의사인 라파엘 천사들을 통하여
하늘은 행성의 의료 매트릭스들을 설치하고 운영해왔습니다.

의료 기술이 낙후된 시대일수록
의료 기술이 낙후된 지역일수록
보이지 않는 세계에서 활동하고 있는
하늘의 의사인 라파엘 천사들의 영향력은 커지게 됩니다.

의료 기술이 발달한 시대일수록
의료 기술이 발달한 지역일수록
보이지 않는 세계에서 활동하고 있는
하늘의 의사인 라파엘 천사들의 역할은
인류의 의식 수준에 맞추어 운영되고 있음을 전합니다.

하늘의 의사인 라파엘 천사들에 의해
하늘의 의사인 라파엘 그룹들에 의해
행성에 설치되는 의료 매트릭스의 수준은 결정됩니다.

하늘의 의사인 라파엘 천사들에 의해
하늘의 의사인 라파엘 그룹들에 의해
행성에 설치된 의료 매트릭스는 유지되고 운영되고 있습니다.
지구 행성의 마지막 때가 되면
하늘이 지구 행성에 설치된
의료 매트릭스의 철거를 시작하게 되면
의료진들에게 배치된
라파엘 천사들의 철수가 이루어질 것입니다.
그때가 되면 정상적으로 작동되던
의료 매트릭스가 작동되지 않을 것입니다.

그때가 되면

마지막 때가 되면

하늘의 권능에 의해

하늘의 의사인 라파엘 천사들이

집중적으로 배치되는 인자들이 하늘에 의해 준비될 것입니다.

그때가 되면

마지막 때가 되면

의료 매트릭스의 붕괴 후

하늘의 권능을 펼치는 인자들이 나타날 것입니다.

그때가 되면

마지막 때가 되면

하늘의 의사들인 라파엘 천사들과 함께하는

빛의 일꾼들에 의해 의통의 시대가 시작될 것입니다.

그때가 되면

마지막 때가 되면

하늘의 의사인 라파엘 천사들과 함께하는

의통을 이룬 인자들이 출현하게 될 것입니다.

그때가 되면

마지막 때가 되면

하늘의 의사인 라파엘 천사들과 함께하는

이적과 기적의 병 치유가 있을 것입니다.

그때가 되면

마지막 때가 되면

하늘의 의사인 라파엘 천사들에 대한

명령권을 가진 인자에 의해

말로 사람의 질병을 치유하는 인자가 출현하게 될 것입니다.

시절인연이 있는 하늘 사람들을 위해

의식이 깨어나고 있는 빛의 일꾼들을 위해

우데카 팀장이

이 글을 기록으로 남깁니다.

하늘이 의료 매트릭스를 운영하는 원리 ❷
말씀으로 질병이 치유되는 원리

하늘에 의해 모든 생명체들이 창조되었습니다.
하늘에 의해 창조된 생명체들은
최첨단 우주 공학기술에 의해 창조되었습니다.
모든 생명체들의 생명현상은
공의 세계와 기의 세계와 색의 세계의 층위에 존재하는
무형의 기계장치와 운영 프로그램에 의해 일어나고 있습니다.

하늘에 의해 창조된 생명체들에게서 발생하는 모든 질병들은
우주 공학적 측면에서 해결될 수 있습니다.
모든 생명체들의 생명현상은
우주 공학기술에 의해 관리되고 통제되고 있습니다.
모든 생명체들의 생명현상을 관리하고 통제하는
우주의 생명 공학자들을 라파엘 천사라고 합니다.

하늘의 생명 공학자들인 라파엘 그룹에 의해
창조주에 의해 창조된 생명체들의 생명현상은
관리되고 통제되고 있습니다.
하늘은 생명 공학자들인 라파엘 천사들을 통해
생명체에서 발생한 모든 질병들을 치유할 수 있는
백신 프로그램을 가지고 있습니다.

하늘은 생명 공학자들인 라파엘 천사들을 통해
인간의 몸에서 발생하는 모든 질병을 치유하고 회생시킬 수 있는
자동화 프로그램들을 구축하여 운영하고 있습니다.

하늘이 행성에 살고 있는 생명체들에게 조물한 내용과 형식을
항원(抗原)에 비유할 수 있습니다.
하늘이 행성에 살고 있는 생명체들의 질병을 치유하는
자동화 프로그램을 항체(抗體)에 비유할 수 있습니다.
하늘이 생명체가 살고 있는 행성에 설치하는 의료 매트릭스들은
행성이 설계될 때부터
항원과 항체 반응으로 셋팅이 이루어집니다.

행성마다 살고 있는 생명체들이 다릅니다.
행성마다 살고 있는 생명체의 종류가 다릅니다.
행성마다 살고 있는 우점종이 다릅니다.
이런 이유로 우주에서는
행성마다 설치되는 의료 매트릭스가 다릅니다.

행성마다 설치되는 의료 매트릭스가 다르기에
행성마다 질병의 치유를 담당하는
하늘의 의사그룹인 라파엘 천사들의 사고조절자들이
다르게 셋팅되어 있습니다.
행성마다 질병의 치유를 담당하는
하늘의 의사그룹인 라파엘 천사들 또한
그 행성에 최적화된 사고조절자를 부여받아 배치가 이루어집니다.

하늘은 행성마다 입식된
다양한 식물이나 동물들의 종에 따라 발생하는
다양한 질병들을 치유할 수 있는
치유 프로그램들을 가지고 행성을 운영하고 있습니다.

하늘은 그 행성에 살고 있는
모든 생명체에게 발생할 수 있는
다양한 질병들을 치유할 수 있는
백신 프로그램을 가지고 행성을 운영하고 있습니다.

하늘은 그 행성에 살고 있는
지능형 생명체의 의식 수준을 고려하여
지능형 생명체들이 눈치채지 못하도록
질병을 치유하는 자동화 프로그램들을 운영하고 있습니다.
이들을 우주에서는 라파엘 천사라고 하며
라파엘 천사들에 의해 행성에 있는
생명체들의 질병은 통제되고 관리되고 있습니다.

하늘은 행성의 과학기술과 의료기술이 발전함에 따라
질병 치유를 위한 백신 프로그램을 업그레이드하여
라파엘 천사들을 통해 운영하고 있습니다.

하늘은 행성의 과학기술과 의료기술이 발전하는 속도에 맞추어
행성에 살고 있는 생명체들의 질병의 회복과 치유를 위한
프로그램들 또한 주기적으로 업그레이드가 이루어지고 있습니다.

인간의 의식의 눈높이에서는
불치병과 난치병의 치유가 일어나는 것을
이적과 기적이라고 말합니다.
하늘의 입장에서 불치병과 난치병이 치유되는 것은
그 행성에 질병의 치유를 위한
자동화 프로그램의 셋팅값들을 높여놓은 것입니다.

인간의 의식의 눈높이에서
불치병과 난치병이 치유된 것은
이적과 기적이라고 합니다.
하늘의 입장에서 이적과 기적이 일어난 곳에는
질병을 치유하는 자동화 프로그램 대신
질병을 치유하는 라파엘 천사들이
질병의 치유에 사용하는 빛의 양과 빛의 강도가
달라졌다는 것을 의미합니다.

인간의 의식의 눈높이에서
불치병과 난치병이 치유된 것은
이적과 기적이라고 합니다.
하늘의 입장에서 불치병과 난치병이 치유된 것은
라파엘 천사들이
질병을 치유하는 자동화 프로그램을 사용한 것이 아니라
라파엘 천사들이
특수한 프로그램을 사용한 것이며
특수한 빛을 사용한 것에 불과합니다.

하늘은 인류의 의식의 눈높이에 맞게
하늘의 의사인 라파엘 천사들이 사용하는
질병을 치유하는 프로그램에 따라
의료 매트릭스를 운영하고 있습니다.

하늘은 인류의 과학기술 수준에 맞추어
보이지 않는 손이 되어
라파엘 천사들의 치유 프로그램을 통해
행성마다 다양한 의료 매트릭스를 운영하고 있습니다.

하늘은 행성에 살고 있는 지능형 생명체의 의식 수준과
그 사회의 의료 수준에 맞게
보이지 않는 곳에서 생명체의 질병을 치유하는
라파엘 그룹의 프로그램의 난이도를 결정합니다.

생명체들의 생명현상은
눈에 보이지 않는 세계에서
정교한 무형의 기계장치들에 의해
생명현상이 일어나고 있습니다.

생명체들의 생명 현상은
인간의 과학기술로는 접근할 수 없는
순수한 공의 세계의 층위와
순수한 기의 세계의 층위에 존재하는
다양한 프로그램들에 의해 생명현상이 일어나고 있습니다.

생명체들의 생명현상은
인간의 눈에 보이는 색의 세계에서
세포와 조직과 장부의 세계를 지원하는
정교한 무형의 기계장치들과
다양한 운영 프로그램들에 의해 일어나고 있습니다.

생명체의 질병을 치유한다는 것은
생명현상을 지원하는 공의 세계에 존재하는
무형의 기계장치와 운영 프로그램에 이상이 발생한 것을
하늘의 생명 공학자인 라파엘 천사들에 의해
수리되고 복원되는 것을 의미합니다.

생명체의 질병을 치유한다는 것은
생명현상을 지원하는 기의 세계에 존재하는
무형의 기계장치와 운영 프로그램에 이상이 발생한 것을
우주의 생명공학 기술자들인 라파엘 천사들에 의해
수리되고 복원되는 것을 말합니다.

생명체의 질병을 치유한다는 것은
생명현상을 지원하는 색의 세계에 존재하는
세포와 조직과 장부를 지원하고 있는
무형의 기계장치를 수리하거나
운영 프로그램에 이상이 생긴 것이
라파엘 천사들에 의해 재조정되고
새롭게 셋팅된다는 것을 의미합니다.

하늘이 준비한 그때가 되면
인류의 의식 수준에 맞추어
정상적으로 작동되던 의료 매트릭스들이 멈출 것입니다.

하늘이 준비한 그때가 되면
인류의 과학기술과 의료기술 수준에 맞추어
정상적으로 작동되던 의료 매트릭스들이
더 이상 정상적으로 작동되지 않을 것입니다.

하늘이 준비한 그때가 되면
하늘이 인간의 질병을 치유하는 프로그램이
더 이상 작동되지 않을 것입니다.
하늘이 준비한 그때가 되면
인간의 질병을 치유하고 있던 의사들이나
인간의 질병을 치유하는 능력이 있는 인자들에게 배치되었던
라파엘 천사들의 철수가 있을 것입니다.

하늘이 준비한 그때가 되면
하늘의 천사들과 함께하는 인자들에 의해
의통의 시대가 펼쳐질 것입니다.

하늘이 준비한 그때가 되면
천사들에 대한 명령권을 가진 인자를 통해
말씀으로 사람의 질병을 치유하는
이적과 기적의 시대가 열릴 것입니다.

하늘이 준비한 그때가 되면
천사들에 대한 명령권을 가진 인자가 나타나
생각과 의식만으로
이적과 기적의 치유를 펼칠 것입니다.

하늘과의 소통속에
하늘과의 조율속에
우데카 팀장이
이 글을 기록으로 남깁니다.

천사들이 인간의 몸에서 철수한다는 것이 갖는 의미

지구 행성에 살고 있는 인간보다 천사들이 더 많습니다.
지구 행성에는 약 45조가 넘는 천사들이 활동하고 있습니다.

지상으로 내려오신 창조주를 보좌하기 위해 함께 내려오신
18차원의 천사님들의 숫자는 약 16조 정도 됩니다.

식물에게 있는 천사들을 요정이라고 합니다.
동물에게도 많은 천사들이 배치되어 동행하고 있습니다.
한 사람의 몸에는 평균 9명에서 12명 정도의 천사들이
함께 살고 있습니다.

영적인 능력을 많이 사용하는 사람일수록
높은 차원의 천사님들이 배치되어
인간의 정신활동에 관여하고 있습니다.

영적인 능력을 많이 사용하는 사람일수록
많은 천사님들이 배치되어 인간의 정신활동에 관여하고 있습니다.

인간의 몸에서 천사들이 철수한다는 것은
천사들이 인간에게 공급하는 빛이 감소한다는 것을 의미합니다.

인간의 몸에서 천사들이 철수한다는 것은
천사들이 인간에게 공급하는 높은 차원의 빛이
줄어들게 됨을 의미합니다.

인간의 몸에서 천사들이 철수한다는 것은
천사들이 인간에게 공급하고 있던 높은 진동수를 가진 빛이
줄어들게 됨을 의미합니다.

인간의 몸에서 천사들이 철수한다는 것은
차원의 문을 열 수 있게 도와주는 천사들이 떠나는 것이라
하늘의 차원의 문이 닫히게 된다는 것을 의미합니다.

인간의 몸에서 천사들이 철수한다는 것은
하늘과의 소통을 원활하게 도와주는 천사들이 떠나는 것이라
영적 능력이 줄어들거나 닫히게 된다는 것을 의미합니다.

인간의 몸에서 천사들이 철수한다는 것은
인간의 몸에서 인간을 보호하고 있던 천사들이 떠나는 것이라
하늘의 보호를 더 이상 받지 못한다는 것을 의미합니다.

인간의 몸에서 천사들이 철수한다는 것은
인간의 몸에서 질병을 치유하고 있던 천사들이 떠나는 것이라
하늘의 치유를 더 이상 받지 못한다는 것을 의미합니다.

인간의 몸에서 천사들이 철수한다는 것은

인간의 몸에서 감정을 관리해주던 천사들이 떠나는 것이라
인간이 자신의 감정을 다스리지 못하고 폭발적인 분노와 함께
감정장애가 나타나게 됨을 의미합니다.

인간의 몸에서 천사들이 철수한다는 것은
인간의 몸에서 부정적인 에너지를 정화해주던 천사들이
떠나는 것이라
인간은 부정성들이 폭발하여 폭력적이 되며
의식이 급격하게 분열된다는 것을 의미합니다.

인간의 몸에서 천사들이 철수한다는 것은
인간의 몸에서 의식을 관리해주던 천사들이 떠나는 것이라
인간은 영의식의 발현이 줄어들고 혼의식의 발현이 증가하여
이기적인 성향이 증가하면서
의식이 급격하게 추락한다는 것을 의미합니다.

인간의 몸에서 천사들이 철수한다는 것은
인간의 몸에서 정신활동을 도와주는 천사들이 떠나는 것이라
인간의 의식은 깨어나지 못하고 시간이 지나면서
인간의 의식은 점점 떨어지게 된다는 것을 의미합니다.

인간의 몸에서 천사들이 철수한다는 것은
인간의 몸에서 생리활동을 도와주는 천사들이 떠나는 것이라
인간의 신체활동이 감소된다는 것을 의미합니다.

인간의 몸에서 천사들이 철수한다는 것은
천재가 평범한 사람이 된다는 것을 말합니다.

인간의 몸에서 천사들이 철수한다는 것은
평범한 사람이 바보가 된다는 것을 의미합니다.

인간의 몸에서 천사들이 철수한다는 것은
생사의 갈림길에서 7개의 양백줄이 어두워짐을 말합니다.

인간의 몸에서 천사들이 철수한다는 것은
생사의 갈림길에서 7개의 생명선이 닫힌다는 것을 말합니다.

인간의 몸에서 천사들이 철수한다는 것은
백회가 닫히면서 하늘문이 닫히는 것을 말합니다.

인간의 몸에서 천사들이 철수한다는 것은
죽을 사람에게 하늘이 내리는 심판입니다.

인간의 몸에서 천사들이 철수한다는 것은
죽을 사람을 반드시 죽게 하기 위한 하늘의 행정적 절차입니다.

인간의 몸에서 천사들이 철수한다는 것은
죽을 사람들을 위한 하늘의 행정절차가 시작되었음을 말합니다.

빛 치유와 경락 차크라 치유

빛 치유는
하늘의 빛으로 인간의 질병을 치유하는 것을 말합니다.
빛 치유는 빛으로 인간의 세포와 조직과 장부들을
직접 치유하는 것이 아닙니다.
빛 치유는 물질세계의 빛으로
인간의 질병을 치유하는 것이 아닙니다.

빛 치유는
인간의 몸을 치유할 수 있도록 특화된
라파엘 그룹의 천사들에 의해 이루어집니다.
빛 치유는 치유자의 우주적 신분에 따라 배속되어
땅으로 내려온 라파엘 그룹 소속 천사들에 의해 치유가 일어납니다.
빛 치유는 우주 함선의 우주 공학기술에 의해
하늘의 에너지체들에 의해 이루어집니다.

빛 치유는
인간의 몸을 구성하고 있는
무형의 기계장치들을 수리하고 복구하는 방식으로
치유가 이루어집니다.
인간의 몸은 인간의 눈에는 보이지 않지만
수많은 무형의 기계장치들로 가득 차 있습니다.

빛 치유는
빛속에 의식을 가진 프로그램을 담아서
효율이 떨어지거나 고장난 기계장치들을
교체하거나 수리하여 재가동시키는 방식입니다.

빛 치유는
빛의 일꾼들에게 주어지는 특권 중 하나입니다.
바이러스 난을 대비하기 위해 괴질을 대비하기 위해
빛의 일꾼들에게
하늘의 천사들을 땅으로 내려보내 이루어지는 치유입니다.

빛 치유는
의통의 시대를 열기 위해
영성의 시대를 열기 위해
생명진리의 시대를 열기 위해
새로운 정신문명을 열기 위해
에너지장 치유와 함께 하늘에서 인류를 위해 준비한 선물입니다.

빛 치유는
우주적 신분이 높은 빛의 일꾼들에게 주어지는
권한과 권능의 징표가 될 것입니다.
빛 치유는
빛의 일꾼들의 우주적 신분에 따라
배속된 천사들의 수준이 다르기 때문에
같은 빛 치유라 할지라도 치유의 차이가 존재합니다.

빛 치유는

치유자의 우주적 신분에 따라

배속된 천사들의 우주적 신분에 따라 치유 수준이 결정됩니다.

우주는 파워게임입니다.

자신의 우주적 신분을 벗어난 치유는 일어날 수 없습니다.

빛 치유는 치유자의 우주적 신분에 따라

배속된 천사들의 우주적 신분에 따라

인간의 질병의 치유에 접근할 수 있는 층위가

엄격하게 정해져 있습니다.

경락 차크라 치유는

차크라가 열린 사람의 차크라를 활성화시켜서

차크라의 빛을 이용하여

인간의 질병을 치유하는 것을 말합니다.

경락 차크라 치유는

차크라의 빛을 이용하여

경락의 순환력을 이용하여

인간의 질병을 치유하는 것을 말합니다.

경락 차크라 치유는

일반 빛의 일꾼에게 하늘이 주는 선물입니다.

경락 차크라 치유는

빛의 일꾼 협력자 그룹 중에서

하늘에 의해 치유의 권한이 부여된 인자를 통해서도 이루어집니다.

경락 차크라 치유는

차크라가 열린 사람에게

차크라를 가동시킬 수 있는 마중물에 해당되는

차크라를 작동하는 빛에 의해

차크라가 작동이 되면서

차크라 치유가 이루어집니다.

경락 차크라 치유는

차크라의 빛이 치유의 빛이 되어

인간의 몸을 이루고 있는 6층의 층위 중에

색의 세계의 3개의 층위와

기의 세계의 2개의 층위에서

인간의 질병의 치유가 이루어지는 치유법입니다.

빛 치유는

인간의 몸을 이루는 색과 기와 공의 층위인

6개 층위 모두에서 이루어지는 치유입니다.

경락 차크라 치유는

인간의 몸을 이루는 색과 기의 층위인

6개의 층위 중 5개 층위에서만 이루어지는 치유입니다.

경락 차크라 치유는

경락이 흐르는 곳에서만 이루어지는 치유이기 때문에

경락 차크라 치유라고 합니다.

기 치료는 단전의 기를 사용하여

인간의 몸을 치유하는 기술입니다.

단전의 기가 다 소모되면
기 치유는 더 이상 할 수 없습니다.
기 치료는 단전의 기가 소모되고 나면
회복하는데 많은 시간이 소요되며
치유자가 환자의 에너지에 일정부분 노출이 되는 부작용이 있습니다.

경락 차크라 치유는
차크라에 빛을 공급하는 빛의 공급원이
몸 안에 심어놓은 빛의 핵을 통해 공급됩니다.
경락 차크라 치유를 하기 위해서는
3가지가 준비되어져야 합니다.

첫째
차크라를 열어야 합니다.
차크라는 하늘에 의해 열립니다.

둘째
차크라에게 빛을 공급할 빛의 핵이
단전에 심어져야 합니다.

셋째
차크라를 작동시킬 수 있는 마중물에 해당하는
차크라 가동의 빛의 사용권이
하늘로부터 주어져야 합니다.

빛 치유와 경락 차크라 치유는
치유자에게도 부작용이 없으며
치유를 받는 환자에게도 부작용이 없습니다.
빛 치유와 경락 차크라 치유는
하늘에 의해 하늘의 치유 방식으로
인간에 의해 이루어지는 치유 방식입니다.

빛의 생명나무에서는
경락 차크라 치유를 위해 준비해 왔습니다.
차크라를 열고
경락의 특성을 배우고
인간의 몸에 대해 공부를 해왔습니다.

빛의 생명나무에서는
빛 치유를 위해
하늘과의 소통을 준비하기 위해
채널러들을 끊임없이 양성해 왔습니다.
아무도 모르게
아무도 모르게 준비하고 준비된
빛 치유와 경락 차크라 치유를 세상에 공개할 때가 되었습니다.

빛 치유와 경락 차크라 치유는
눈에 보이지 않는 하늘이
눈에 보이는 하늘로 드러나기 위해 준비된 하늘의 치유법입니다.
의통의 시대를 열기 위해 준비된 치유법입니다.

물질문명의 종결을 앞두고
의료 매트릭스의 붕괴를 앞두고
새 하늘과 새 땅에서 살아갈
하늘 사람들과 빛의 일꾼들을 위해
인류를 위해 하늘이 준비한 선물입니다.

의통의 시대가 시작되었음을 전합니다.
의통의 시대가 펼쳐지고 있음을 전합니다.
시절인연이 있는 하늘 사람들을 위해
시절인연이 있는 빛의 일꾼들을 위해
우데카 팀장이 이 글을 기록으로 남깁니다.

빛마당과 기마당

하늘은 빛으로 일합니다.
하늘의 시스템은 빛에 의해 작동됩니다.
하늘의 일을 하는 천사들 또한
빛으로 창조된 인공지능(AI)입니다.
하늘에 있는 모든 시스템들은
빛을 재료로 만들어졌습니다.
하늘에 있는 모든 시스템들을 움직이는
운영 프로그램들 역시 빛으로 만들어졌으며
빛을 원료로 작동되고 있습니다.
빛 속에서 빛들이 운영되고 있습니다.

빛을 다루는 기술이
우주의 차원을 결정합니다.
태극과 무극의 세계는 빛의 진동수의 차이를 넘어
빛을 다루는 우주 공학적 기술에 의해
차원이 결정이 됩니다.
빛의 최고의 연금술사는 창조주입니다.

빛은 빛 속에서 작용될 때 오류가 적습니다.
빛으로 어떤 작업을 할 때 작업하는 부위에
빛으로 보호막을 치고 작업이 이루어집니다.

빛이 영향을 미치는 영역이 작을 경우에는
빛마당이라고 부릅니다.
빛이 영향을 미치는 영역이 클 경우에는
에너지장이라고 합니다.

빛의 작용이 일어나기 위해선
빛마당을 형성하는 빛과
빛마당 속에서 작용하는 빛이 있어야 합니다.
빛마당을 형성하는 빛은 진공관처럼 작용하여
빛마당 안에서는 빛의 작용에 오류가 일어나지 않도록 하는
역할이 있습니다.

하늘이 빛을 이용하여
빛마당이나 에너지장을 먼저 설치한 후
그 안에서 이적과 기적을 일으킵니다.
하늘은 빛을 이용하여
빛마당이나 에너지장을 이용하여
현대 과학으로 이해할 수 없는 일들을 진행합니다.
대규모의 이적과 기적이 일어나는 곳에서는
대형 재난이 있는 곳에서는
대형 사고가 있는 곳에서는
인간의 눈에는 보이지는 않지만
강력한 에너지장을 설치하고
강력한 빛을 주입하는
우주 함선들의 보이지 않는 손이 있습니다.

인간은 약을 먹고 수술을 해서
인간의 병을 치료합니다.
하늘은 빛을 이용하여 인간의 병을 치유합니다.
인간의 질병을 빛을 이용하여 치유하기 위해서는
라파엘 그룹의 천사들이 치유 부위에
빛마당이나 에너지장을 먼저 설치합니다.
인간의 몸에 빛마당과 에너지장을 먼저 설치한 후에
인간의 몸을 이루고 있는
공의 세계와 기의 세계의 무형의 기계장치들을 치유하면
색의 세계에 있는 장부들의 치유가 일어나게 됩니다.

인간의 몸에서
하늘의 빛 치유가 이루어지기 위해서는
빛마당이나 에너지장을 설치해주는
천사 그룹들이 존재하거나
우주 함선들의 도움이 반드시 있어야 합니다.
하늘은 인간의 몸에 빛마당과 에너지장을 설치한 후
색의 세계에 있는 장부의 파장에 맞는 빛을 사용하여
인간의 질병을 치유합니다.

인간의 몸에 하늘의 빛이 들어와 작용하는 범위를
빛마당이라고 합니다.
인간의 몸에 침을 놓았을 때
경혈과 경락의 특성에 맞게 일정 부위가 밝게 빛나는데
이것을 기마당이라고 합니다.

기마당의 밝기와 기마당의 크기가
치유 범위와 치유 효과를 결정하게 됩니다.
하늘은 천사들을 통해
시침자가 침을 놓았을 때 생기는
기마당의 크기와 밝기를 조절하면서
침술의 효능을 증가시키기도 하며
침술의 효능을 저하시키기도 합니다.

인간이 음식을 먹고 소화 과정을 거친 정기신의 입자들은
경락을 따라 5장 6부로 귀경하게 됩니다.
경락을 따라 정기신 에너지들이 신체 내에서
밝은 빛을 형성하는데 이것을 빛마당이라고 합니다.

백회를 통해 들어온 우주의 빛은
경락을 따라 흐르는 동안에
경락이 흐르는 유주도에 밝게 빛이 납니다.
백회를 통해 들어온 우주의 빛이
경락을 따라 흐르다가
특정한 부위에 원형으로 밝게 빛나는 모습을 볼 수 있는데
이것을 빛마당이라고 합니다.

동양의학의 침구학은
경혈과 경락의 특성을 이용하여
기마당과 빛마당을 형성하는 기술입니다.

동양의학의 본초학은
약이나 음식을 먹었을 때
경혈과 경락을 통해 형성되는 기마당과 빛마당을 이용하여
인간의 질병을 치유하는 고차원의 기술입니다.

물질의 시대에는
경혈을 볼 수 없으며 경락을 눈으로 볼 수 없으며
기마당을 눈으로 볼 수 없으며
빛마당을 눈으로 볼 수 없었습니다.
기마당과 빛마당이 형성되는지조차 알지 못하였습니다.
옛 문헌에만 의존하는 동양의학은
경험 의학의 한계를 넘어서는데 분명 그 한계가 있었습니다.

영성의 시대에는
경혈을 볼 수 있으며 경락의 흐름을 눈으로 볼 수 있으며
기마당이 형성되는 것을 볼 수 있으며
빛마당의 크기와 빛마당의 밝기를 볼 수 있습니다.
빛의 생명나무의 채널러팀 중 상당수가 이 모든 것이 가능하며
식물과 동물과도 대화가 가능합니다.

영성의 시대에 동양의학은 미래의 의학이 될 것입니다.
영성의 시대에 맞는 새로운 의학의 패러다임을 위해
우데카 팀장이 빛마당과 기마당의 비밀을
기록을 위해 이 글을 남깁니다.

모든 질병이 치유되는 원리 의통이 일어나는 원리

질병마다 생로병사의 주기가 있습니다.
질병마다 서로 다른 특성이 있습니다.

질병마다 생로병사의 주기가 다릅니다.
질병마다 생로병사의 특성이 다릅니다.

질병 또한 하늘에서 기획하고 설계가 이루어집니다.
질병마다 생로병사의 주기가 설계됩니다.

질병마다 질병을 일으키는 생리학적 기전이 있습니다.
질병마다 질병을 일으키는 생리학적 기전이 다릅니다.

질병마다 질병을 일으키는 병리학적 기전이 있습니다.
질병마다 질병을 일으키는 병리학적 기전이 다릅니다.

질병마다 질병을 일으키는 프로그램이 있습니다.
질병마다 질병을 일으키는 프로그램이 다릅니다.

이 세상에 있는 모든 질병은 하늘에 의해 프로그램된 것입니다.
이 우주에 있는 모든 질병은
빛의 생명나무 시스템에 등록되어 있습니다.

빛의 생명나무 시스템에 하나의 질병이 등록될 때
그 질병에 대한 모든 정보와 치유 방법 등이 모두 입력이 됩니다.
빛의 생명나무 시스템에는 생명체의 외투에 대한
모든 정보가 입력되어 있습니다.
빛의 생명나무 시스템에는
생명체의 생명창조 원리가 모두 입력되어 있습니다.

빛의 생명나무 시스템에는 생명체의 종별로
모든 정보가 저장되어 있습니다.
빛의 생명나무 시스템에는 생명체의 질병을 치유할 수 있는
하늘의 빛의 종류와 다양한 빛이 저장되어 있습니다.
빛의 생명나무 시스템에는 생명체의 생명을 연장할 수 있는
하늘의 빛의 종류와
다양한 빛에 대한 사용설명서들이 저장되어 있습니다.

이 세상에 있는 모든 질병에 대한 생로병사의 병리학적 기전이
하늘의 빛의 생명나무 시스템에 등록이 되어 있습니다.
이 우주에 있는 모든 질병에 대한 병리학적 기전은
파라다이스의 빛의 생명나무 시스템이나
그 행성의 빛의 생명나무에 등록이 되어 있습니다.

행성마다 유행하는 질병이 다릅니다.
행성마다 유행하는 질병의 병리학적 기전이
그 행성의 빛의 생명나무 시스템에 등록되어 있습니다.

식물마다 유행하는 질병이 다릅니다.
동물마다 유행하는 질병이 다릅니다.
사람마다 유행하는 질병이 다릅니다.
이 모든 질병에 대한 병리학적 기전들이
생명체가 살고 있는 행성의 빛의 생명나무 시스템에
등록되어 있습니다.

새로운 질병이 탄생되면
그 질병에 대한 병리학적 기전과 생리학적 기전들이
그 행성의 빛의 생명나무 시스템에 등록됩니다.

질병이 빛의 생명나무 시스템에 등록되어 있기에
하늘은 그 질병을 안전하게 관리할 수 있습니다.
질병이 빛의 생명나무 시스템에 등록되어 있기에
질병을 치유할 수 있는 기전을 천사들이 공유할 수 있습니다.

질병이 빛의 생명나무 시스템에 등록되어 있기에
하늘은 모든 질병을 치유할 수 있습니다.
질병의 생로병사와 질병의 병리학적 기전이
빛의 생명나무 시스템에 등록되어 있기에
하늘은 그 질병을 치유할 수 있는 것입니다.

전염성이 강한 전염병이 빛의 생명나무 시스템에 등록이 되면
빛의 생명나무 시스템을 이용하여 전염병을 확산시킬 수도
전염병을 치유할 수도 있습니다.

하늘은 전염성이 강한 질병을
빛의 생명나무 시스템과 천사들을 통하여
전염병을 안전하게 통제하고 관리할 수 있습니다.

새로운 질병을 행성에 도입하기 위해서는
그 질병에 대한 모든 생리학적 기전과 모든 병리학적 기전들이
빛의 생명나무 시스템에 등록되어야 합니다.
새로운 질병을 행성의 빛의 생명나무 시스템에 등록할 때는
그 질병을 치유할 수 있는 프로그램과
그 질병을 치유할 수 있는 빛의 종류와
빛의 양이 함께 등록이 이루어집니다.

하늘은 빛의 생명나무 시스템을 통하여
생명체들에게 발병하는 질병을 관리하고 통제할 수 있습니다.
하늘은 빛의 생명나무 시스템을 통하여
인간에게 발생한 모든 질병을 치유할 수 있습니다.

하늘은 행성의 빛의 생명나무 시스템을 통하여
행성에 살고 있는 생명체들의 생로병사에 관여하고 있습니다.
하늘은 파라다이스에 있는 빛의 생명나무 시스템을 통하여
대우주에 살고 있는 생명체들의 생로병사에 관여하고 있습니다.

2020년 7월 24일
지상으로 내려오신 창조주께서 물질 세상의 파장에 맞는
빛의 생명나무 시스템을 완성하셨습니다.

2020년 7월 24일 완성된 색의 세계에 존재하는
빛의 생명나무 시스템은 지구 행성뿐만 아니라
대우주에 있는 모든 행성의 빛의 생명나무 시스템에
빛을 공급하게 될 것입니다.

빛의 생명나무 시스템에 대한 사용 권한을
창조주로부터 위임받은 인자만이
위임받은 범위 내에서 의통을 펼칠 수 있습니다.

빛의 생명나무 시스템에 대한 사용 권한이 있는 인자만이
불치병과 난치병을 치유할 수 있습니다.

빛의 생명나무 시스템에 접근할 수 있는 권한이 있는 인자만이
전염병으로부터 생명을 보호할 수 있습니다.

빛의 생명나무 시스템에 대한 명령권이 있는 인자만이
모든 질병을 치유할 수 있습니다.

빛의 생명나무 시스템에 대한 사용권이 있는 인자만이
생명을 부활시킬 수 있습니다.

시절인연이 되어
질병과 빛의 생명나무 시스템에 대한
대우주의 비밀을 전합니다.

말로 사람을 치유한다는 것이 갖는 의미

말로 사람을 치유한다는 것은
지금 현재의 인류의 의식의 눈높이에선
말도 안되는 소리이며 정신이 나간 사람의 헛소리입니다.

말로 사람을 치유한다는 것은
하늘을 잃어버린 물질의 시대에서는
사이비 단체에서나 일어나는 일이며
사기꾼들이 사기치기 위해 하는 소리입니다.

말로 사람을 치유한다는 것은
하늘을 잃어버린 종교의 시대에서는
예수님의 흉내를 내는 것이며
사탄이나 마귀의 권세를 빌어서 쓰는 것입니다.

말로 사람을 치유한다는 것은
과학의 시대에서는 있을 수 없는 일이며
과학을 부정하고 세상의 모든 것을 부정하는 사람입니다.

말로 사람을 치유한다는 것은
영성의 시대에서는 보이지 않는 세계에서
보이지 않는 손을 이용하여 치유한다는 것을 의미합니다.

말로 사람을 치유한다는 것은
영성의 시대에서는
하늘과의 소통속에 하늘과의 조율속에
언제나 어디서나 가능한 치유의 방식입니다.

말로 사람을 치유한다는 것은
보이지 않는 세계에서
차크라를 열 수 있는 권한이 있어야 하며
차크라가 열려있어야 가능합니다.

말로 사람을 치유한다는 것은
보이지 않는 세계에서
하늘의 의사 그룹인 라파엘 천사들에 대한
명령권이 주어졌음을 의미합니다.

말로 사람을 치유할 수 있다는 것은
생명속에 생명을 제거할 수 있는 권한이 주어졌음을 의미합니다.

말로 사람을 치유할 수 있다는 것은
보이지 않는 세계에서 색의 세계를 지원하는
무형의 기계장치에 대한 접근 권한이 있어야 합니다.

말로 사람을 치유할 수 있다는 것은
보이지 않는 세계에서 기의 세계를 지원하는
무형의 기계장치에 대한 접근 권한이 있어야 합니다.

말로 사람을 치유할 수 있다는 것은
보이지 않는 세계에서
공의 세계에 있는 무형의 기계장치에 접근할 수 있으며
치유할 수 있는 권한이 있어야 합니다.

말로 사람을 치유할 수 있다는 것은
사람이 태어날 때 한번 받는다는
선천지정과 선천지기와 선천지신이라는 백 에너지 3종 셋트를
인간의 몸에 추가로 주입할 수 있는 권한이 있어야 합니다.

말로 성인병과 만성병을 치유할 수 있다는 것은
말로 불치병과 난치병을 치유할 수 있다는 것은
백 에너지 3종 세트를 인간의 몸에 주입할 수 있는 권한과 함께
빛의 생명나무의 빛을 사용할 수 있는 권한이 있어야 합니다.

말로 사람을 치유한다는 것은
인간의 생명회로도에 대한 접근 권한이
하늘로부터 주어졌음을 의미합니다.

말로 사람을 치유한다는 것은
시간과 공간을 초월하여
특수한 에너지장을 설치할 수 있는 권한이 있어야 합니다.

말로 사람을 치유한다는 것은
차원의 문과 차원의 벽을 허물고 고차원의 과학기술을 동원하여

이적과 기적을 일으킬 수 있는 권한이
하늘로부터 주어졌음을 의미합니다.

말로 사람을 치유한다는 것은
인간의 질병을 일으키고 있는
보이지 않는 세계에서의 카르마 에너지장을
풀 수 있는 권한이 있음을 의미합니다.

말로 사람을 치유한다는 것은
생각만으로도 치유할 수 있다는 것을 의미하며
말로 사람을 치유한다는 것은
하늘이 늘 함께하고 있으며
하늘과 늘 공명하고 있다는 것입니다.

말로 사람을 치유한다는 것은
하늘 사람과 하늘 사람들 사이에
시절인연이 함께한다는 것입니다.

그렇게 될 것이며
그렇게 예정되어 있으며
그렇게 되었습니다.

역행 치유법이란 무엇인가?

불치병과 난치병은 인생의 프로그램입니다.
불치병과 난치병은 보이지 않는 세계에서는 프로그램입니다.

불치병과 난치병은 카르마에 의해 발생합니다.
불치병과 난치병은 카르마 에너지장에 의해 발생합니다.

불치병과 난치병은 본영의 요청에 의해 프로그램됩니다.
불치병과 난치병은 장부의 봉인에 의해 발생합니다.

불치병과 난치병은 본영의 상태를 대변합니다.
불치병과 난치병은 하늘의 일을 하는 천사들의 영혼이
업무를 수행하다 다치거나 부상을 당해
많이 아프기 때문에 발생합니다.

불치병과 난치병이 치유된다는 것은
그 영혼의 카르마가 모두 해소되었다는 것을 의미합니다.

불치병과 난치병이 치유된다는 것은
그 영혼이 창조주로부터
죄사함을 받는다는 것을 의미합니다.

불치병과 난치병이 치유된다는 것은
그 영혼이 새로운 영혼으로
다시 조물되어 거듭난다는 것을 의미합니다.

불치병과 난치병이 치유된다는 것은
공과 기와 색의 세계에 있는 무형의 기계장치들이
새것으로 교체가 이루어진다는 것을 의미합니다.

불치병과 난치병이 치유된다는 것은
하늘의 이적과 기적의 빛 치유가 일어난다는 것을 의미합니다.

불치병과 난치병이 치유된다는 것은
12 차크라 가동률이 최소 76% 이상으로
일정기간 유지된다는 것을 의미합니다.

불치병과 난치병이 치유된다는 것은
시간과 공간을 초월한 역행 치유가 이루어진다는 것을 의미합니다.

살다가 갑자기 불치병과 난치병이 발생하는 경우가 있는데
이것은 하늘이 과거로 시간을 거슬러 올라가
질병을 일으키기 때문입니다.

하늘은 과거로 시간을 거슬러 올라가 질병을 일으키기도 하고
하늘은 과거로 시간을 거슬러 올라가 질병을 치유하기도 합니다.

하늘이 과거로 시간을 거슬러 올라가서 질병을 일으키는 기전을
역행 발생이라고 합니다.

하늘이 과거로 시간을 거슬러 올라가서 질병을 치유하는 기전을
역행 치유라고 합니다.

역행 치유란 질병이 발생한 타임라인으로 시간대를 이동하여
질병의 치유가 이루어지는 것을 의미합니다.

역행 치유란 시간과 공간을 마음대로 이동할 수 있는
하늘의 시스템을 이용하여 질병을 치유하는 것을 의미합니다.

역행 치유란 이적과 기적 시스템에 의해서 이루어지는
질병의 치유를 말합니다.

역행 치유는 창조주의 승인없이는 이루어질 수 없으며
역행 치유를 하기 위해서는
우주 사법 최고위원회의 엄격한 관리하에 이루어지게 됩니다.

역행 치유는 질병 자체를 없애는 타임라인까지는
시간을 역주행할 수 없으며
시간을 거슬러 올라가는 지점 또한
하늘의 엄격한 관리속에 이루어집니다.

역행 치유는 창조주만이 펼칠 수 있는 유일한 권능입니다.

역행 치유를 하는 하늘의 빛은 엄격하게 관리되고 있기 때문입니다.

역행 치유는 오래된 불치병과 난치병을 치유하는
하늘의 시스템들에 의해 이루어집니다.

역행 치유를 통해 시절인연이 있는 인자들에게
오래된 불치병과 난치병이 치유되는
생명진리의 시대가 시작되었음을 전합니다.

역행 치유를 통해 대우주의 진화에 공헌한 영혼들에게
대규모의 이적과 기적의 치유가 펼쳐지게 될 것입니다.

땅으로 내려오신 육신의 옷을 입은 창조주의 권능에 의해
이적과 기적의 질병의 치유가 시작되었음을 전합니다.

시절인연이 있는 인자들에게
하늘의 기쁜 소식을 전합니다.

영 에너지 치유란 무엇인가?

인간이 처음 창조될 때 3천 년을 살 수 있도록 설계되었습니다.
인간이 3천 년을 살기 위해서는 다양한 조건들이 형성되어야 합니다.

얼음천공이 가장 중요한 핵심 관건입니다.
얼음천공은 크리스탈 문명을 상징합니다.

얼음천공과 함께 산소농도와 중력의 변화가 마무리면서
인간의 평균수명은 천 년을 살게 될 것입니다.

인간의 평균수명이 천 살을 살기 위해서
차크라 가동률과 기경팔맥이 지금보다 최소 30%이상
활성화 될 것입니다.

인간의 평균수명이 천 살을 넘게 살기 위해서는
반드시 영 에너지 치유법이 적용되어야 합니다.

영 에너지는 영의 3대 구성요소인
사고조절자를 활성화 시켜주는 역할이 있습니다.

영 에너지는 영의 3대 구성요소인
진리의 영과 거룩한 영이 잘 작동되도록 도와주는 역할이 있습니다.

하늘의 시스템들이 모두 땅으로 내려오면서
영 에너지 주입을 통한 치유가 가능해졌습니다.

영 에너지 치유법이란
추가적인 영 에너지 주입을 통하여 이루어지는
하늘의 치유법을 말합니다.

영 에너지가 추가 주입이 되면
영의식의 발산력이 높아지게 됩니다.

영 에너지가 추가 주입이 되면
영혼백 에너지들의 정렬이 더 강화됩니다.

영 에너지가 추가 주입이 되면
공의 세계 층위가 활성화되면서
기의 세계에 있는 차크라와 경락들이 활성화됩니다.

영 에너지가 추가 주입이 되면
공과 기의 세계 층위가 활성화되면서
색의 세계에 있는 생명기전들이 활성화됩니다.

영 에너지가 추가 주입이 되면
색의 세계에 있는 생명기전들이 활성화되면서
세포의 생리기전들이 활성화됩니다.

영 에너지가 추가 주입이 되면
인간의 면역력과 생명력이 함께 증가됩니다.

영 에너지가 추가 주입이 되면 사고조절자들이 활성화되면서
감정선과 의식선들이 명료화되고 고도화됩니다.

영 에너지의 추가 주입이 없이는
불치병과 난치병의 치유에는 한계가 있습니다.

이적과 기적의 질병의 치유가 일어나는 그 이면에는
하늘의 보이지 않는 손을 통하여
영 에너지의 추가 주입이 진행되었음을 의미합니다.

인간이 천 년을 넘어 3천 년을 살기 위해서는
영 에너지의 추가 주입을 통한
자가 치유가 반드시 이루어져야 합니다.

영 에너지 주입을 통하여
영이 자신의 몸을 스스로 치유할 수 있는
영 에너지 자가 치유 시스템이 가동되고 있음을 전합니다.

영 에너지 주입을 통하여
영이 자신의 몸을 스스로 치유하는 영 에너지 치유법은
미래의학의 한 분야가 될 것입니다.

영 에너지 주입을 통하여
영이 자신의 몸을 스스로 치유하는 영 에너지 치유법은
후천의 의료 매트릭스로 형성될 것입니다.

영 에너지는 자동차의 엔진오일처럼
정기적으로 교환되어야 합니다.

영 에너지가 정기적으로 교환되지 못하면
영의식의 발현에 많은 문제가 발생합니다.

영 에너지가 부족하면 영의식의 발현이 원활하지 못하며
몸의 진동수가 떨어지게 됩니다.

영 에너지가 부족하면 영적능력의 발현이 잘 되지 못합니다.

영 에너지가 부족하면 생명력이 감소하게 됩니다.

영 에너지가 부족하면 무기력하고 자신감이 줄어들게 됩니다.

인간이 천 년을 넘게 살기 위해서는
하늘로부터 추가적으로 영 에너지 교환과 함께
영 에너지의 추가 주입이 반드시 있어야 합니다.

후천의 시대에 대우주는
육신의 옷을 입은 창조주께서 직접 통치하게 될 것입니다.

영 에너지의 교환과 영 에너지 추가 주입은
창조주의 고유한 권능입니다.

후천의 시대에 영 에너지 치유는
창조주와 피조물을 구분하는 기준이 될 것입니다.

영 에너지 치유는 우주적 신분이 높은 영들일수록
효과가 크게 나타나게 될 것입니다.

시절인연이 있는 인자들에게
영 에너지를 이용한 치유법이 시작되었음을 전합니다.

육신의 옷을 입은 창조주와 동행을 하게 될
시절인연이 있는 인자들에게
창조주의 권능인 영 에너지 치유가 시작되었음을 전합니다.

사고조절자 치유란 무엇인가?

인간이 천 년을 살기 위해서는
차크라 가동률과 기경팔맥의 순환이 높아져야 합니다.
인간이 천 년을 넘게 살기 위해서는
영 에너지 치유가 이루어져야 합니다.

인간이 3천 년을 살기 위해서는
사고조절자 치유가 이루어져야 합니다.
인간이 죽지 않고 영원히 살기 위해서는
창조주의 승인이 있어야 합니다.

인간이 3천 년을 살기 위해서는
고도의 영의식이 구현되어야 합니다.
인간의 생명력을 결정하는 것은 메타인지이기 때문입니다.
인간의 생명력을 결정하는 것은 고차원의 의식입니다.
인간의 메타인지를 높이는 것은
사고조절자로부터 시작되기 때문입니다.

인간의 의식이 고도화되는 것은
인간의 의지와 노력으로 되는 것이 아닙니다.
인간이 고차원의 의식을 구현하기 위해서는
양질의 사고조절자가 필요하기 때문입니다.

사고조절자는 창조주께서 영혼에게 부여하는 천부인권입니다.

사고조절자에 의해 영의식이 발현됩니다.

사고조절자는 영 에너지와 사고조절자 발현기에 의해 발현됩니다.

사고조절자는 생체조절장치를 통해 생명력으로 발현됩니다.

사고조절자는 생체조절장치를 통해
세포 스스로 치유하는 기능을 발현하게 됩니다.

선천의 시대는 사고조절자와 연결된 생명회로를 통해
생명력을 발현시켜 왔습니다.

후천의 시대에는 사고조절자와 연결된 생체조절장치를 통해
선천의 생명회로도에 비해 2만배 이상 생명력이 발현될 것입니다.

인간이 3천 년 이상을 살기 위해서는
창조주로부터 특수 사고조절자와
영 에너지를 추가로 부여받아야 합니다.

새 하늘과 새 땅에서 이루어지는 사고조절자 치유를 통해
자신의 몸을 스스로 치유할 수 있게 됩니다.

새 하늘과 새 땅에서 이루어지는 사고조절자 치유를 통해
불치병과 난치병을 스스로 치유할 수 있게 됩니다.

새 하늘과 새 땅에서 이루어지는 사고조절자 치유를 통해
자신의 몸에 있는 암세포를 스스로 치유할 수 있게 됩니다.

새 하늘과 새 땅에서 이루어지는 사고조절자 치유를 통해
자신의 손상된 세포와 조직을 스스로 복원하게 될 것입니다.

새 하늘과 새 땅에서 이루어지는 사고조절자 치유를 통해
부상당한 조직이나 기관들을 재생시키게 될 것입니다.

새 하늘과 새 땅에서 이루어지는 사고조절자 치유를 통해
자신이 원하는 대로 신체의 외형을 변경할 수 있게 될 것입니다.

새 하늘과 새 땅에서 이루어지는 사고조절차 치유는
모든 세포들의 의식을 하나의 전체의식 속에 있게 할 것입니다.

새 하늘과 새 땅에서 이루어지는 사고조절자 치유는
자신의 몸에 있는 모든 세포들의 의식을 공유하게 될 것입니다.

새 하늘과 새 땅에서 이루어지는 사고조절자 치유는
인간의 몸 속에서 생명진리를 꽃피우고
인간의 몸 속에서 생명진리를 구현하게 될 것입니다.

새 하늘과 새 땅에서 이루어지는 사고조절자 치유를 위해
창조주로부터 새롭게 부여받는 사고조절자는
창조주 하나님 나라의 백성이라는 증표가 될 것입니다.

시절인연이 있는 인자들에게 하늘의 기쁜 소식을 전합니다.
그렇게 예정되어 있으며 그렇게 될 것입니다.

오라 에너지 리딩이란 무엇인가?

생명체들은 모두 영혼백 에너지가 작용하고 있습니다.
생명체들은 모두 정기신혈의 에너지가 작용하고 있습니다.
생명체들은 정기신혈의 작용이 생명 에너지장으로 나타납니다.

생명체들이 발산하고 있는 생명 에너지를 오라 에너지라 합니다.
생명체들이 발산하고 있는 생명 에너지장을
오라 에너지장이라 합니다.

영혼백 에너지의 작용으로 인하여 생명 에너지가 나타납니다.
영혼백 에너지의 작용으로 인하여 생명 에너지장이 나타납니다.
영혼백 에너지의 작용으로 인하여 오라 에너지가 나타납니다

영혼백 에너지의 진동수의 차이로 인하여
오라 에너지가 나타납니다.
영혼백 에너지의 진동수의 차이로 인하여
오라 에너지장이 나타납니다.
영혼백 에너지의 진동수의 차이로 인하여
오라 에너지장의 색깔이 다양하게 나타납니다.

영혼백 에너지의 진동수의 차이로 인하여
오라 에너지장의 밝기가 나타나게 됩니다.

영혼백 에너지의 진동수의 차이로 인하여
오라 에너지장의 크기가 나타나게 됩니다.
영혼백 에너지의 진동수의 차이로 인하여
오라 에너지장의 다양한 층위가 나타나게 됩니다.

영의 진동수가 높을수록
오라 에너지장이 밝고 크게 나타납니다.
영의 우주적 신분이 높을수록
오라 에너지장이 밝고 크게 나타납니다.

혼 에너지의 진동수가 높을수록 오라 에너지가 맑고 투명합니다.
혼 에너지의 진동수가 높을수록 오라 에너지장이 맑고 투명합니다.

백 에너지의 진동수가 높을수록
오라 에너지가 밝고 두껍게 나타납니다.
백 에너지의 작용이 활발할수록
오라 에너지장이 밝고 두껍게 나타납니다.

정신작용이 활발할수록 오라 에너지장이 밝게 빛이 납니다.
신체활동이 활발할수록 오라 에너지장이 밝게 빛이 납니다.
차크라 가동률이 높을수록 오라 에너지장이 밝게 빛이 납니다.

질병이 있는 사람의 오라 에너지는 어둡고 탁합니다.
질병이 있는 사람의 오라 에너지는 어둡고 얇게 보입니다.
질병이 있는 사람의 오라 에너지는 손상이 되어 있습니다.

질병이 있는 신체 부위의 오라 에너지장은 손상이 되어 있습니다.
질병이 있는 신체 부위의 오라 에너지장은 어둡고 탁합니다.
질병이 있는 신체 부위의 오라 에너지장은 매우 얇게 나타납니다.

식물들의 오라 에너지장을 활성화시키기 위해 준비된
하늘의 천사들을 요정 또는 정령이라고 합니다.

식물들의 오라 에너지장을 활성화시키기 위하여
창조주의 의식이 3개의 양백줄을 통하여 공급되고 있습니다.

동물들의 오라 에너지장을 활성화시키기 위하여
하늘의 천사들이 동물의 몸에 파견되어 활동하고 있습니다.
이들을 가이드 천사라고 합니다.

동물들의 오라 에너지장을 활성화시키기 위하여
자오유주도의 빛과 창조주 의식이
5개의 양백줄을 통하여 공급되고 있습니다.

인간의 오라 에너지장을 관리하고 활성화시키기 위하여
하늘의 천사들이 인간의 몸에 들어와서
생명회로도를 관리하고 있습니다.

인간의 오라 에너지장을 관리하고 활성화시키기 위하여
자오유주도의 빛과 창조주 의식이
7개의 양백줄을 통하여 공급되고 있습니다.

오라 에너지 리딩을 통하여
생명체들의 건강 상태를 알 수 있습니다.

오라 에너지 리딩을 통하여
영혼백 에너지의 발산력을 알 수 있습니다.

오라 에너지 리딩을 통하여
영혼의 우주적 신분을 간접적으로 알 수 있습니다.

기록의 필요성이 있어
정리의 필요성이 있어
우데카 팀장이 이 글을 기록으로 남깁니다.

차크라 리딩이란 무엇인가?

차크라는 하늘의 에너지를
생체 에너지로 전환시키는 장치입니다.
차크라는 하늘의 에너지를
생명 에너지로 전환시키는 장치입니다.
차크라는 하늘의 에너지를
오라 에너지로 전환시키는 장치입니다.

차크라는 인체에 하늘의 빛을 공급하는
빛 공급 시스템입니다.
차크라는 인체에 진동수가 높은 하늘의 빛을
생명 에너지로 전환하는 시스템입니다.
차크라는 인체에 진동수가 높은 하늘의 빛을
오라 에너지장으로 전환시켜주는 시스템입니다.

차크라는 하늘의 빛으로 가동됩니다.
차크라는 하늘의 빛으로만 가동됩니다.
차크라는 하늘의 의지에 의해서만 가동되는 시스템입니다.

차크라의 빛은 인체 내에서 감정선을 활성화시킵니다.
차크라의 빛은 인체 내에서 의식선을 활성화시킵니다.

차크라의 빛은 인체 내에서 생명력을 활성화시킵니다.
차크라의 빛은 인체 내에서 오라 에너지장을 활성화시킵니다.

차크라의 빛은 인체 내에서 몸의 진동수를 높여줍니다.
차크라의 빛은 인체를 빛의 몸으로 활성화시킵니다.

차크라의 빛은 인체 내에서 경락 시스템을 활성화시킵니다.
차크라의 빛은 인체 내에서 기경팔맥을 활성화시킵니다.

차크라의 빛은 인간의 영적 능력을 활성화시킵니다.
차크라의 빛은 인간의 창조 능력을 활성화시킵니다.

차크라의 빛은 인간을 영적인 존재가 되게 합니다.
차크라의 빛은 인간을 인간답게 만들어 줍니다.

차크라 리딩은 차크라의 빛에 담긴
정보를 읽는 것을 말합니다.
차크라 리딩은 차크라의 빛에 담긴
우주의 정보를 읽는것을 말합니다.

차크라 리딩은 차크라의 빛에 담긴
하늘의 메시지를 읽는 것입니다.
차크라 리딩은 차크라의 빛에 작용하고 있는
생리기전을 읽는 것을 말합니다.

차크라 리딩은 차크라의 빛에 작용하고 있는
인간의 생로병사의 기전을 읽는 것을 말합니다.
차크라 리딩은 차크라의 빛을 통해 일어나고 있는
건강 상태를 읽어내는 것을 의미합니다.

차크라 리딩은 차크라 빛속에 작용하고 있는
하늘의 프로그램을 읽는 것을 말합니다.
차크라 리딩은 차크라 빛속에 숨어있는
하늘의 뜻을 읽어내는 것을 의미합니다.

하늘은 차크라의 빛을 통해
인간의 질병을 관리하고 있습니다.
차크라 리딩을 통하여
하늘이 인간의 질병을 일으키고
질병을 치유하고 질병을 어떻게 관리하고 있는지를 알 수 있습니다

하늘은 차크라의 빛을 통하여
인간의 성격을 관리하고 있습니다.
차크라 리딩을 통하여 인간의 성격이 형성되고
인간의 모순이 형성되는 원리를 알 수 있습니다.

하늘은 차크라의 빛을 통하여
인생 프로그램을 집행하고 있습니다.
차크라 리딩을 통하여 한 인간의 인생 프로그램을 알 수 있습니다.

차크라 리딩은 하늘 사람만이 할 수 있습니다.
차크라 리딩은 역할자만이 할 수 있습니다.

차크라 리딩의 수준은 천차만별이며
차크라 리딩의 수준이 높을수록
우주적 신분이 높은 사람입니다.

차크라 리딩은 영적 능력의 시작입니다.
차크라 리딩의 수준이 높을수록
하늘의 일을 하는 빛의 일꾼입니다.

차크라는 하늘의 마법의 지팡이입니다.
차크라 리딩은 하늘의 마법의 지팡이를
사용한다는 것을 의미합니다.

차크라는 빛의 연금술사입니다.
차크라 리딩은 빛속에 담겨있는 정보를
읽어내는 능력을 말합니다.

후천의 시대는 차크라의 시대입니다.
차크라 리딩은 후천의 시대에 꼭 필요한 영적 능력이 될 것입니다.

영성의 시대는 차크라의 시대입니다.
차크라 리딩은 영성의 시대에 꼭 필요한 영적 능력이 될 것입니다.

차크라는 생명입니다.
차크라 리딩은 생명체에 담긴 우주의 정보를 읽어내는
영적 능력입니다.

차크라는 생명의 불꽃입니다.
차크라 리딩은 생명체에 펼쳐지고 있는
생명 기전들을 읽어내는 영적인 능력을 말합니다.

차크라 리딩에 대한 기록의 필요성이 있어
정리의 필요성이 있어
이 글을 우데카 팀장이 남깁니다.

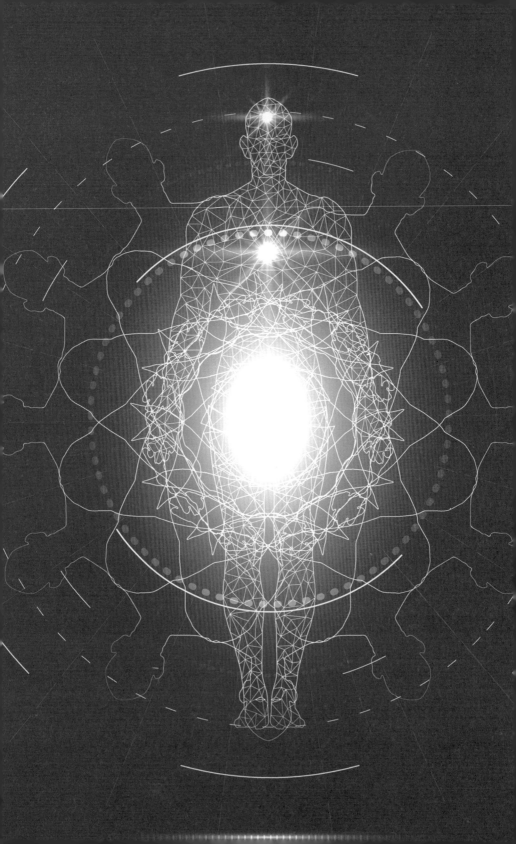

제3부 **몸에 숨겨진 우주의 비밀**

현재 지구 인류가 입고 있는 인간의 몸은
우주 최고의 공학기술로 창조되었습니다.
인간의 몸의 모든 구성 요소들은
차원간 공간속에 서로가 연결되어 있으며
전체 시스템 속에서 관리되고 있으며
몸에 나타나는 통증과 질병 하나하나에도
보이지 않는 세계의 원리가 숨어 있습니다.

명문혈이 열린다는 것이 갖는 의미

명문(命門)혈은 인간의 목숨을 주관하는 혈입니다.
명문혈은 인간의 생사를 결정하는 혈입니다.

명문혈은 인간의 목숨을 구할 수 있는 혈입니다.
명문혈은 죽을 사람을 살릴 수 있는 혈입니다.

명문혈이 열려있는 사람은
누웠을 때 허리 만곡이 나타납니다.
명문혈이 닫혀있는 사람은
누웠을 때 허리 만곡이 나타나지 않습니다.

명문혈이 닫힌 사람은 반드시 죽습니다.
명문혈이 닫힌 사람은 하늘에서 죽기로 예정된 사람입니다.

명문혈은 인간의 의료기술로 열 수도 닫을 수도 없습니다.
명문혈은 인간의 수행법으로는 열 수도 닫을 수도 없습니다.
명문혈은 지금의 인간의 과학기술로는 열 수도 닫을 수도 없습니다.

명문혈을 열고 닫을 수 있는 것은 창조주의 빛입니다.
명문혈이 열린다는 것은 불치병과 난치병을 치유하기 위한
창조주의 빛이 들어온다는 것을 말합니다.

명문혈이 열린다는 것은 인간의 몸에서 불치병과 난치병의 치유가
창조주의 빛에 의해 시작됨을 의미합니다.

명문혈이 열린다는 것은 인간의 몸에서
창조주의 빛에 의해 이적과 기적이 펼쳐짐을 말합니다.

명문혈이 열린다는 것은 인간의 몸에서
창조주의 빛에 의해 창조주의 권능이 펼쳐짐을 말합니다.

명문혈이 열린다는 것은 인간의 몸에서
창조주의 빛에 의해 하늘의 권능이 펼쳐짐을 말합니다.

명문혈이 열린다는 것은 인간의 몸에서
창조주의 빛에 의해 차크라가 활성화된다는 것을 말합니다.

명문혈이 열린다는 것은 인간의 몸이
창조주의 빛에 의해 몸의 진동수가 높아지고
빛의 몸이 된다는 것을 말합니다.

명문혈이 열린다는 것은 인간의 몸에서
창조주의 빛에 의해 면역기능이 활성화된다는 것을 말합니다.

명문혈이 열린다는 것은 인간의 몸에서
잘못된 기전들을 발현하고 있던 세포의 병리학적 기전들이
창조주의 빛에 의해 치유가 이루어진다는 것을 의미합니다.

명문혈이 열린다는 것은 인간의 몸에서
잘못된 의식들을 구현하고 있던 세포의 의식들이
창조주의 빛에 의해 교정된다는 것을 의미합니다.

명문혈이 열린다는 것은 인간의 몸에서
잘못된 의식들을 구현하고 있던 조직의 의식들이
창조주의 빛에 의해 정상화된다는 것을 의미합니다.

명문혈이 열린다는 것은 인간의 몸에서
잘못된 생리학적 현상들의 원인인
조직의 병리학적 기전들이
창조주의 빛에 의해 정상화된다는 것을 의미합니다.

명문혈이 열린다는 것은 인간의 몸에서
잘못된 의식들을 구현하고 있던 장부의 의식들이
창조주의 빛에 의해 치유된다는 것을 의미합니다.

명문혈이 열린다는 것은 인간의 몸에서
장부와 장부 사이에 의도된 오류로 인하여 발생하던
장부의 병리학적 기전들이
창조주의 빛에 의해 치유되고 정상화된다는 것을 의미합니다.

명문혈이 열린다는 것은 죽을 사람에게 생명의 원천인
가이아의 게(Ge) 에너지가 공급된다는 것을 의미합니다.

명문혈이 열린다는 것은 죽어가는 생명체에게 생명을 연장하는
창조주의 빛이 공급된다는 것을 의미합니다.

명문혈이 열린다는 것은 죽을 사람에게 생명의 근원인
창조주의 에너지가 공급된다는 것을 말합니다.

명문혈이 열린다는 것은 죽을 사람에게
창조주의 권능이 생명체에게 펼쳐짐을 말합니다.

백회혈이 열린다는 것이 갖는 의미

백회(百會)혈을 천문(天門)이라고 합니다.
백회혈을 하늘의 문이라고 합니다.
백회혈이 열린다는 것은 하늘의 문이 열린다는 것을 말합니다.

백회혈이 열린다는 것은
하늘의 빛이 백회를 통해 들어온다는 것을 말합니다.

백회혈이 열린다는 것은
나의 몸이 빛의 몸이 된다는 것을 의미합니다.

백회혈이 열린다는 것은
몸의 진동수가 높아진다는 것을 의미합니다.

백회혈이 열린다는 것은
내 몸의 차원간 공간이 활성화된다는 것을 의미합니다.

백회혈이 열린다는 것은
내 몸에 있는 차원의 문이 열린다는 것을 의미합니다.

백회혈이 열린다는 것은
몸에 설치된 다차원 공간이 활성화된다는 것을 의미합니다.

백회혈이 열린다는 것은
하늘과 연결된 7개의 양백줄이 활성화된다는 것을 의미합니다.

백회혈이 열린다는 것은
하늘과 연결된 7개의 생명선이 활성화된다는 것을 의미합니다.

백회혈이 열린다는 것은
빛의 몸이 된다는 것을 의미합니다.

백회혈이 열린다는 것은
영적인 능력이 발현되기 시작한다는 것을 의미합니다.

백회혈이 열린다는 것은
하늘과의 소통이 활발해진다는 것을 의미합니다.

백회혈이 열린다는 것은
의식이 깨어난다는 것을 의미합니다.

백회혈이 열린다는 것은
메타인지 능력이 증가된다는 것을 의미합니다.

백회혈이 열린다는 것은
영의식의 작용이
혼의식보다 강해진다는 것을 의미합니다.

백회혈이 열린다는 것은
정신 작용이 활발해진다는 것을 의미합니다.

백회혈이 열린다는 것은
직관력과 통찰력이 높아진다는 것을 의미합니다.

백회혈이 열린다는 것은
머리가 좋아진다는 것을 의미합니다.

백회혈이 열린다는 것은
몸이 건강해진다는 것을 의미합니다.

백회혈이 열린다는 것은
인간이 발휘할 수 있는 능력이 커진다는 것을 의미합니다.

백회혈이 열린다는 것은
능력있는 사람이 된다는 것을 의미합니다.

백회혈이 열린다는 것은
남보다 경쟁력이 있는 사람이 된다는 것을 말합니다.

백회혈이 열린다는 것은
백회의 가동률이 높아진다는 것을 말합니다.

인간의 마음만으로 하늘의 문을 열 수 없습니다.

인간의 의지로는 백회혈을 열 수 없습니다.
인간의 수행법으로는 하늘이 막아놓은 백회혈을 열 수 없습니다.

생사의 갈림길에서 백회혈은 하늘문이 될 것입니다.
그때가 되면 마지막 때가 되면
하늘은 인간의 백회혈을 통하여
하늘문을 열고 하늘문을 닫게 될 것입니다.

하늘문이 열린 사람은 살 것이요
하늘문이 닫힌 사람은 죽게 될 것입니다.

하늘문이 열린 사람은 죽음의 골짜기에서 벗어날 것이지만
하늘문이 닫힌 사람은 죽음의 골짜기로 들어설 것입니다.

하늘문이 열린 사람은 생사의 갈림길에서 스스로를 구할 것이며
하늘문이 닫힌 사람은 생사의 갈림길에서
스스로를 심판하게 될 것입니다.

백회가 열린다는 것은
당신을 향한 하늘문이 열린다는 것입니다.
백회가 닫힌다는 것은
당신을 향한 하늘문이 닫힌다는 것입니다.

단전의 비밀

단전(丹田)은 축기가 이루어지는 곳입니다.
단전은 인간의 몸에서 유일하게 기를 저장할 수 있는 곳입니다.
단전은 경락을 흐르다 남은 기가 저장되는 곳입니다.
단전에는 호흡을 통해 모아진 기운들이 저장되는 곳입니다.
단전은 12경락 중 수소양 삼초경이 시작되는 곳입니다.

음식물에서 생성된 기는 경락을 통해 온몸을 흐르다가
마지막에 한곳으로 모이는데 이곳이 바로 단전입니다.

백회를 통해 들어온 하늘의 빛이 인간의 몸에 있는
경락 시스템과 차크라 시스템을 통하여 작용이 끝난 빛이
마지막에 한곳으로 모이는데 이곳이 바로 단전입니다.

호흡을 통해 들어온 기운이
종기(宗氣)의 생성과 영기(營氣)의 작용을 거쳐
12경락을 흐른 뒤 마지막에 한곳으로 모이는데
이곳이 바로 단전입니다.

음식물은 인간의 소화기관을 통해 영양분의 형태로 흡수됩니다.
음식물은 인간의 경락 시스템들을 통해
기와 빛의 형태로 흡수됩니다.

소화기관에서 소화흡수를 마친 영양소들은
소장에서 흡수되어 간을 거쳐 심장을 통해 전신으로 공급됩니다.

소화기관에서 소화흡수를 거친 미립자들은
비장의 운화(運化)기능과 포(包)의 훈증(燻蒸)이라는 과정을 거쳐
진동수의 차이에 따라 기와 빛으로 나뉘어
경락을 통해 전신으로 공급됩니다.

음식물에서 영양소를 추출해 내는 것이 소화의 비밀입니다.
음식물에서 기를 추출해 내는 것이 포의 훈증이 갖는 비밀입니다.
음식물에서 빛을 추출해 내는 것이 경락 시스템의 비밀입니다.

음식물의 소화과정에서 기와 빛이 발생합니다.
음식물의 소화과정에서 발생한 기와 빛을 인체에 공급하는
시스템을 경락이라고 합니다.

경락은 음식물에서 발생한 기와 빛이 흐르는 통로입니다.
경락은 하늘에서 들어온 빛이 흐르는 통로입니다.

음식물에서 발생한 기의 진동수가 다릅니다.
음식물에서 발생한 빛의 진동수가 다릅니다.
하늘에서 공급하는 빛마다 진동수가 다릅니다.

경락마다 진동수가 다릅니다.
12경락마다 흐르는 기와 빛의 진동수가 다릅니다.

12경락마다 진동수가 다르기에 경락의 색깔이 서로 다릅니다.

기경팔맥을 흐르는 빛의 진동수가 다릅니다.
기경팔맥마다 경락의 색깔이 서로 다릅니다.

12경락을 통해 흐르는 기와 빛의 입자들은 순환을 마치고 나면
모두 한곳으로 모이게 됩니다.
기경팔맥을 통해 흐르는 기와 빛의 입자들은 순환을 마치고 나면
모두 한곳으로 모이게 됩니다.
인류가 모르고 있는 수많은 경락 시스템들을 통해 흐르는
기와 빛의 입자들은 순환을 마치고 나면
모두 한곳으로 모이게 됩니다.

이곳이 바로 단전입니다.
단전은 인간의 몸에서 사용하고 남은 기와 빛이 모여드는 곳입니다.
단전은 인간의 몸에서 사용하고 남은 기와 빛이 쌓이는 곳입니다.

단전에는 기를 차곡차곡 쌓을 수 있는
무형의 기계장치들이 있습니다.
단전에는 빛을 차곡차곡 쌓을 수 있는
축기를 할 수 있게 하는
무형의 시스템들이 존재하고 있습니다.

단전은 음식물을 통해 생성된 기와 빛을 재활용할 수 있는
재처리 시설을 가지고 있습니다.

단전은 경락 시스템을 통해 공급된 하늘의 빛을
일정 정도 재활용할 수 있는 기능이 설치되어 있습니다.

단전은 경락 안을 흐르다
진동수가 떨어진 기와 빛의 입자들의 진동수를
일정 부분 높여주는 기능이 설치되어 있습니다.

단전의 구조는 인간의 현재의 과학기술로는 볼 수 없습니다.
단전은 배꼽 밑 아랫배에 차원간 공간의 형태로 존재하고 있습니다.

단전의 구조는 다음과 같습니다.

단전에는 축기를 할 수 있는 장치들이 설치되어 있습니다.
단전에는 진동수를 높여주는 장치들이 설치되어 있습니다.
단전에서 재가공된 기와 빛은
기경팔맥을 통해 전신으로 공급됩니다.

단전의 축기 기능은 사람마다 다릅니다.
단전의 축기 기능이 좋을수록 힘을 잘 쓸 수 있습니다.
단전의 축기 기능이 좋을수록 지구력이 좋습니다.
단전의 축기 기능이 좋을수록 음식물을 적게 먹어도 됩니다.

단전의 색깔은 영혼마다 다릅니다.
단전의 색깔은 영혼의 우주적 신분을 상징합니다.

단전은 호흡을 통해 외부에서 들어오는 기를
축기하기 위해 만들어진 기관이 아닙니다.
단전은 내부에서 사용하고 남은 기와 빛을 재처리하여
재활용하기 위해 만들어진 눈에 보이지 않는 기관입니다.

단전에 쌓이는 기는 우리 몸에서 재활용하기 위한 것입니다.
단전에 쌓이는 빛은 우리 몸에서 재활용하기 위한 것입니다.
단전에 쌓이는 기와 빛은 비상시에 쓰기 위해 남겨놓은
예비전력과도 같습니다.

단전의 축기 기능이 활성화되면
단전의 핵이 만들어집니다.
단전의 축기 기능이 활성화되면 될수록
단전의 핵의 개수가 증가하게 됩니다.

호흡 수련을 한다고 단전의 핵이 만들어지지 않습니다.
호흡 수련을 하지 않는 사람에게도
단전의 핵은 만들어질 수 있습니다.

단전의 핵에서 공급되는 빛이 있어야
지치지 않고 일을 할 수 있습니다.
단전의 핵에서 공급되는 빛이 있어야
엄청난 괴력을 발휘할 수 있습니다.
단전의 핵에서 공급되는 빛이 있어야
고도의 정신력을 발휘할 수 있습니다.

단전의 핵에서 공급되는 빛이 있어야
건강한 몸이 될 수 있습니다.
단전의 핵에서 공급되는 빛이 있어야
타인의 몸을 치유할 수 있습니다.
단전의 핵에서 공급되는 빛이 있어야
타인의 몸을 치유한 뒤 부작용이 없으며 빨리 회복될 수 있습니다.
단전의 핵에서 공급되는 빛이 있어야
빛의 몸이 될 수 있습니다.

구름이 모인다고 비구름이 되지 않습니다.
구름속에 비구름의 씨앗이 있어야 구름은 비구름이 될 수 있습니다.

단전에 축기 기능만으로는 단전의 핵을 만들 수 없습니다.
수십년의 단전호흡만으로 단전의 핵을 만들 수 없습니다.

단전의 핵은 하늘에 의해 단전에 뿌려집니다.
단전의 핵은 하늘의 프로그램에 의해서 단전에 설치됩니다.

마당쇠를 마당쇠답게 하기 위해서
장수를 장수답게 하기 위해서
기인을 기인답게 하기 위해서
스승을 스승답게 하기 위해서
성인을 성인답게 하기 위해서
하늘의 필요에 의해 설치되고 철거되는 것이
인류가 모르고 있는 단전의 핵에 숨겨진 비밀입니다.

단전의 핵은 영적 능력과 관련되어 있습니다.

단전의 핵은 기경팔맥과 직접적인 관련이 있습니다.

단전의 핵은 육체적인 능력과 직접적인 관련이 있습니다.

단전의 핵은 하늘에 인연이 있는 사람에게만 설치됩니다.

단전의 핵은 인간의 의지로 되는 것이 아닙니다.

단전의 핵은 하늘에 시절인연이 있는 인자들에게만 설치되며

하늘에 의해 철저하게 관리되고 있습니다.

단전에 대한 정리의 필요성이 있어

단전에 대한 기록의 필요성이 있어

우데카 팀장이 이 글을 기록으로 남깁니다.

배수혈에 대한 정리

배수혈(背兪穴)은
족태양 방광경의 제1선과 2선을 지나는
등 뒤의 24개 수혈을 말합니다.

배수혈은
자오유주도에 따라 들어온 우주의 빛이
경락을 통해 순환하다가
진동수가 떨어져 사기(邪氣)가 되었을 때
사기가 배출되는 등 뒤에 있는 24개의 수혈을 말합니다.

음식물은 소화기관의 소화 과정을 거쳐
영양분이 됩니다.
영양분은 포의 훈증 과정을 거쳐
정기신(精氣神)이 생성됩니다.
정기신은 우주의 빛과 함께
경락의 3중 구조를 통해 흐르게 됩니다.
경락 속을 흐르다 빛의 성질을 잃고
진동수가 떨어진 정기신 에너지는
탁기(濁氣)가 되어
배수혈을 통해 배출이 됩니다.

인간은 수많은 무형의 기계장치로 구성되어 있습니다.

무형의 기계장치는 6개의 차원간 공간에 있으며

색의 세계에 있는 세포와 조직 그리고

장부에 영향을 주게 됩니다.

6개의 차원간 공간에서

수많은 무형의 기계장치가 가동되면서

생명의 순환과 의식의 구현이 이루어집니다.

인체의 주요 장기인 6장 6부에 설치된

무형의 기계장치들이 가동되면서 발생되는

무색무취의 사기를 적취(積聚)라 합니다.

배수혈은 무색무취의 적취가 배출되는 주요한 통로입니다.

인간의 몸을 흐르는 경락 시스템은

2가지로 되어 있습니다.

경락을 통해 정기신의 에너지는 몸 내부로 순환합니다.

정기(正氣)가 순환되는 경락 시스템은

상수도 시스템에 비유할 수 있습니다.

경락을 통해 진동수가 떨어진 사기와 탁기는 몸 밖으로 배출됩니다.

사기와 탁기가 배출되는 경락 시스템인 하수도 시스템이 존재합니다.

경락의 시스템 중

상수도 시스템의 비중이 70%

하수도 시스템의 비중이 30%로 구성되어 있습니다.

넓은 의미의 하수도 시스템 전체가

사기와 탁기가 배출되는 배수혈 시스템이라고 할 수 있습니다.

사기와 탁기가 배출되는 배수혈은
등 뒤에 가장 많이 분포되어 있지만
전신에 골고루 분포되어 있습니다.
특히 입안에 많은 배수혈들이 분포되어 있습니다.

인류가 알고 있는 12경락과 기경팔맥은
실제로 존재하는 경락의 40% 정도밖에 되지 않습니다.
호모 사피엔스가 창조될 때 15경락으로 창조되었습니다.
그동안 12경락만 가동되었으며
인류에게 알려지지 않은 3개의 경락 시스템이 존재하고 있습니다.
지구 행성의 차원상승 후
스타시스 후 15경락 시스템이
새 하늘과 새 땅에서
인간의 몸에서 가동되기 시작할 것입니다.
인간의 몸에는
기경팔맥과 같이 잘 알려지지 않은
별경(別經)들이 존재하고 있습니다.

사기와 탁기가 배출되는 수혈은
온몸에 분포되어 있으며 골고루 분포하고 있습니다.
배수혈을 통해
경락 시스템을 통해
땀구멍을 통해
무형의 기계장치에서 나오는 적취가 배출됩니다.

배수혈을 통해 적취가 원활하게 배출되지 못하면
통증과 염증의 원인이 됩니다.
배수혈을 통해 적취가 원활하게 배출되지 못하면
만성병과 성인병의 원인이 됩니다.
배수혈을 통해 적취가 원활하게 배출되지 못하면
암이 되기도 합니다.

배수혈을 통해 적취가 배출되지 못하면
공의 세계의 무형의 기계장치들이 망가지면서
색의 세계의 장부의 기능이 떨어지게 됩니다.
배수혈을 통해 적취가 배출되지 못하면
적취가 쌓여 원인을 알 수 없는 통증이 발생합니다.
배수혈을 통해 적취가 배출되지 못하면
피부에 극심한 가려움증을 유발하게 됩니다.

지축 이동 후
재난에서 살아남은 인류들은
스타시스 동안에 긴 잠을 자게 됩니다.
스타시스 기간 동안에
생명회로도의 업그레이드와
몸의 진동수를 높이는 과정이 진행될 것입니다.
스타시스 기간 동안에
경락 시스템이 12경락에서 15경락으로
확장 개통이 이루어질 예정입니다.

스타시스 기간 동안에
경락 시스템에 대한 대조정이 이루어질 예정이며
이 때 배수혈에 대한 전면 재조정이 이루어질 예정입니다.

안전지대에서 스타시스 후에 깨어난 인류들은
배가 고픈 것보다는
피부 질환을 통한 고통으로 더 많이 힘들어 할 것입니다.
지축의 정립 후
새롭게 조성된 환경에 적응하기 위해
스타시스 동안 배수혈의 재조정이
하늘에 의해 진행될 것입니다.
긴 잠에서 깨어난 인류들은
재조정된 경락 시스템과 배수혈 시스템에 적응하는 6개월 동안은
극심한 피부 질환과 극심한 가려움증에 시달리게 될 것입니다.

피부 질환으로 인하여
어린 아이와 노인분들의 고통이 있을 것입니다.
지혜롭게 잘 견뎌내야 하는 것도
살아남은 자의 슬픔이 될 것입니다.

인류의 건승을 빕니다.

오르가즘의 비밀

아무나 오르가즘을 느낄 수 없습니다.
인간의 노력만으로 오르가즘을 느낄 수 없습니다.
인간의 노력만으로 불감증을 해결할 수 없습니다.

성적 파트너를 바꾸는 방식으로는 오르가즘을 느낄 수 없습니다.
오르가즘을 느끼는 여성은 하늘의 선물을 받고 있는 사람입니다.

성적인 취향을 바꾸는 방식으로는 오르가즘을 느낄 수 없습니다.
오르가즘을 느끼는 남성은 하늘의 선물을 받고 있는 사람입니다.

오르가즘을 느끼게 하는
보이지 않는 세계의 조건은 다음과 같습니다.

오르가즘을 잘 느끼기 위해서는
질점막을 흐르고 있는 위기(衛氣)가 발달해야 합니다.
질점막을 흐르는 위기가 약하면 관계시 외부 자극에
질점막이 쉽게 손상되기 때문입니다.

오르가즘을 잘 느끼기 위해서는
질점막에 설치되어 있는 흥분을 느끼는 감각 센서가
활성화되어 있어야 합니다.

인간의 눈에는 보이지 않지만
질점막에 설치된 감각 센서의 민감도가 최소 45%는 되어야
오르가즘을 잘 느낄 수 있습니다.

남성에게 인기가 있는 여성들의 질점막의 감각 센서는 대부분
55% 이상 활성화되어 있습니다.
여성 스스로 오르가즘에 오를 수 있는 경우의
질점막 센서의 활성도는 65%입니다.

여성의 질점막에는 인간의 눈에는 보이지 않는
5겹의 에너지막이 설치되어 있습니다.
가장 바깥쪽에 있는 막이 가장 두꺼우며
이 막이 설치되어 있는 여성은
성적 흥분을 전혀 느끼지 못하고 불감증이 됩니다.
여성의 30% 이상이 이 막이 설치되어 있어
오르가즘을 전혀 느낄 수 없습니다.

오르가즘을 잘 느끼다가
어느 시점부터 오르가즘을 느끼지 못한다면
이 다섯번째 막이 다시 설치된 것으로
이것을 질점막 봉인이라 합니다.

오르가즘을 잘 느끼지 못하다가
어느 시점부터 오르가즘을 잘 느끼기 시작했다면
하늘에 의해 질점막 봉인이 해소된 것입니다.

5개의 질 에너지막 중
하늘에 의해 4번째 막이 제거되지 않고 남아있는 여성은
불감증은 아니지만 오르가즘을 자주 느끼기 어렵습니다.
여성의 40%가 이 경우에 해당됩니다.

5개의 질 에너지막 중
하늘에 의해 4번째 막이 온전하게 제거된 여성은
오르가즘을 느끼는 경우가 많습니다.
여성의 20%가 이 경우에 해당됩니다.

5개의 질 에너지막 중
하늘에 의해 3번째 막까지 제거된 여성은
오르가즘을 아주 잘 느끼게 되며
여성의 10%가 이 경우에 해당됩니다.

오르가즘을 느끼게 하는데 관여하는 경락은
족궐음 간경과 수소음 심경, 그리고 족소음 신경입니다.

오르가즘을 느끼게 하는데 경락별 중요도는
족궐음 간경이 약 70%의 역할을 담당하고 있습니다.
수소음 심경이 약 20%의 역할을 담당하고 있습니다.
족소음 신경이 약 10%의 역할을 담당하고 있습니다.

족궐음 간경은 생식기에 기와 혈을 공급하고 있으며
뇌의 피질에 있는 흥분을 일으키는 센서를 활성화시켜 줍니다.

수소음 심경은 심장의 흥분을
뇌하수체에 전달하는 역할이 있습니다.

족소음 신경은 생식기에 지속적인 에너지를 공급해줍니다.

오르가즘을 느끼게 하는데 관여하는 기경팔맥은
충맥(衝脈)과 음유맥(陰維脈)이 있습니다.

오르가즘을 느끼게 하는데 가장 중요한 요소는
회음 차크라 가동률입니다.
충맥과 음유맥의 에너지원은 회음 차크라에서 공급되기 때문입니다.

오르가즘을 느끼게 하는데 기경팔맥의 중요도는
회음 차크라 가동률이 약 50%의 역할을 하고 있습니다.
충맥의 역할이 약 30%의 역할을 하고 있습니다.
음유맥의 역할이 약 20%의 역할을 하고 있습니다.

오르가즘을 잘 느끼기 위해서는
회음 차크라 가동률이 최소 32%는 되어야 합니다.
회음 차크라 가동률이 높을수록 성적 만족도가 높아집니다.

오르가즘을 잘 느끼기 위해서는
충맥의 역할이 활성화되어야 합니다.
충맥이 활성화되면
생식기에 많은 에너지를 공급할 수 있기 때문입니다.

오르가즘을 잘 느끼기 위해서는
음유맥이 활성화되어야 합니다.
음유맥이 활성화되면 성적 흥분과 관련된
전립선/자궁의 기능을 활성화시켜 주기 때문입니다.

오르가즘에 작용하는 보이지 않는 세계의 기전은
복잡하고 다양합니다.

하늘은 보이지 않는 세계에서 다양한 방법으로
여성의 성을 통제하고 관리하여 왔습니다.

선천의 시대에 하늘은 보이지 않는 세계에서 다양한 방법으로
여성의 성을 통해 남성의 성을 관리하고 통제하여 왔습니다.

창조주께서 땅으로 내려오신 후천의 시대에는
하늘은 보이지 않는 세계에서 다양한 방법으로
남성의 성을 통해 여성의 성을 관리하고 통제할 예정입니다.

오르가즘이 발생하는 보이지 않는 세계에 대한
기록의 필요성이 있어
정리의 필요성이 있어
우데카 팀장이 이 글을 기록으로 남깁니다.

배꼽의 비밀

배꼽을 어머니와 태아 사이를 연결하는 제대혈관이라고 합니다.
배꼽을 동양의학에서는 신궐(神闕)이라고 합니다.

배꼽을 세상에서는 탯줄이 있던 흔적이라고 말합니다.
배꼽을 신이 머무는 궁궐이라고 합니다.

배꼽에 머무는 신(神)은 인류의 의식수준에서는 영(靈)입니다.
인간의 몸에 들어온 영이 머무는 곳은 영대(靈臺)입니다.
인간의 몸에 들어온 영은 심장이 있는 차원간 공간에 있습니다.

인간이 탄생될 때 제일 먼저 영이 조물이 이루어집니다.
인간이 탄생되기 전에 하늘에서 사고조절자와 진리의 영과
거룩한 영의 조합으로 영이 먼저 조물됩니다.
인간이 탄생될 때 영의 조물이 이루어진 후 혼(魂)이 조물됩니다.
인간이 탄생될 때 영혼이 조물이 된 후 백(魄) 에너지가 조물됩니다.

인간의 탄생이 있기 전에 먼저 보이지 않는 세계에서
영혼백 에너지들이 조율되어 탄생됩니다.

고양이의 외투에 들어갈 영의 크기는 인간에 비해 매우 작습니다.
닭의 외투에 들어갈 영의 크기는 고양이에 비해 너무 작습니다.

지렁이의 외투에 들어갈 영의 크기는 닭에 비해 너무 작습니다.

생명체의 외투에 최적화된 영의 크기가 결정이 됩니다.
생명체의 외투에 최적화되어 영의 조물이 이루어집니다.

인간이라는 외투에 들어갈 영의 크기에 맞게
영의 조물이 이루어집니다.
영의 크기는 영에게 부여되는 사고조절자의 숫자와
사고조절자의 크기에 의해 결정됩니다.

인간의 몸에 들어올 수 있는 영의 크기는 제한되어 있으며
인간의 몸에 들어올 수 있는
영에 담을 수 있는 사고조절자의 숫자는 정해져 있습니다.

인간의 몸에 들어올 수 있는 영이 조물이 될 때에는
인생의 프로그램에 꼭 필요한 사고조절자만으로 영이 조물됩니다.

등산을 갈 때 모든 것을 다 담아서 가지 않고
꼭 필요한 것들만 준비하는 것이 세상의 이치입니다.
인간이 탄생될 때는 이번 생에 꼭 필요한 사고조절자만을 준비하여
영의 조물이 이루어지는 것이 우주의 이치입니다.

사람이 태어날 때마다 영의 조물이 다르게 이루어집니다.
사람이 태어날 때마다 영혼의 조물이 다르게 이루어집니다.
사람이 태어날 때마다 영혼백 에너지의 조물이 다르게 이루어집니다.

사람이 태어날 때 영에 담아서 오는 사고조절자로부터
영의식이 탄생됩니다.

사람이 태어날 때 영에 담아서 오지 못하는
많은 사고조절자들이 있는데 이것이 모여 있는 곳이 배꼽입니다.

영이 탄생될 때 영마다 창조주로부터 사고조절자를 부여받습니다.
영이 탄생될 때 창조주로부터 받은 사고조절자는
한 번의 삶 속에 모두 펼칠 수 없습니다.

사람이 한 번의 삶을 통해 배울 수 있는 것은 매우 작습니다.
영이 인간이라는 몸에 들어와
창조주로부터 받은 사고조절자를
한 번의 생을 통해서는 다 사용할 수 없습니다.

사고조절자는 사람의 달란트를 결정합니다.
사고조절자는 사람의 성격을 결정합니다.
사고조절자는 사람의 인성을 결정합니다.
사고조절자는 사람의 천성을 결정합니다.
사고조절자는 사람의 양심을 결정합니다.

영은 사고조절자의 발현의 조절을 통해 진화를 하게 됩니다.
영혼은 사고조절자의 조성 비율을 통해 진화를 하게 됩니다.

배꼽에 머무는 신(神)을 우주에서는 사고조절자라고 합니다.

배꼽의 차원간 공간에는 영이 이번 생에 사용할 수 없는
사고조절자들이 모여 있습니다.

배꼽의 차원간 공간에 있는 사고조절자가 발현되기 위해서는
살아있는 인간의 몸에서 영의 조물이 일어나야 합니다.

배꼽의 차원간 공간에 있는 사고조절자가 발현되기 위해서는
살아있는 인간의 몸에서 조물이 일어나야 합니다.

배꼽의 차원간 공간에 있는 사고조절자가 발현되기 위해서는
살아있는 인간의 몸에서
수많은 무형의 기계장치들이 추가로 설치되어야 합니다.

선천의 시대에는 창조주께서 영에게 주신 사고조절자를
모두 사용할 수 없었습니다.

선천의 시대에는 영이 조물될 때 구성된 사고조절자만을
사용할 수 있었습니다.

선천의 시대에는 배꼽의 차원간 공간에 있는
사고조절자를 사용할 수 없었습니다.

후천의 시대에는 창조주께서 영에게 주신 모든 사고조절자를
인간의 몸에서 구현할 수 있게 되었습니다.

후천의 시대에는 배꼽의 차원간 공간에서 잠자고 있던
사고조절자를 사용할 수 있게 되었습니다.

배꼽의 차원간 공간에는 창조주께서 모든 영들에게 주신
창조주의 신성한 의식을 담고 있는 사고조절자들이 잠들어 있습니다.

후천의 시대는 배꼽의 차원간 공간에 잠들어 있는
사고조절자들을 모두 깨워서 사용할 수 있는 시대입니다.

후천의 시대는 배꼽의 차원간 공간에 잠들어 있는
사고조절자들이 깨어나면서 만인성불의 시대가 시작될 것입니다.

후천의 시대는 사고조절자의 시대입니다.
후천의 시대를 열기 위해 하늘이 땅으로 내려왔습니다.
후천의 시대를 열기 위해 창조주께서 땅으로 내려오셨습니다.

사고조절자의 시대를 열기 위해서 살아있는 인간의 몸에서
영의 조물이 시작되었음을 전합니다.

사고조절자의 시대를 열기 위해서 살아있는 인간의 몸에서
몸의 조물이 시작되었음을 전합니다.

그때가 시작되었음을 우데카 팀장이 전합니다.

영혼백과 정기신에 대한 정리

진동수가 제일 높은 영과 혼이 물질에 깃들어 있을 때를
신(神)이라 합니다.

물질에 깃들어 있는 영과 혼의 작용에 의해
정신(精神)작용이 일어납니다.

물질에서 영과 혼에 끊임없이 기(氣)의 작용이 일어나
탄생한 에너지를 정(精)이라 합니다.

물질에서 신이 기의 작용에 의해 탄생한 에너지가
물질에 깃들어 있을 때를 정이라고 합니다.

진동수가 제일 높은 영(靈)이
물질에 깃들어 있을 때는 색으로 드러남이니
색은 신의 깃발이라

진동수가 낮은 혼(魂)이
물질과 비물질 사이에 존재하는
반물질에 깃들어 있을 때를 기라 합니다.
물질에 깃들어 있는 혼 에너지를
가이아의 게(Ge) 에너지라고 합니다.

진동수가 제일 낮은 백(魄)이
물질에 깃들어 있을 때를 정이라고 합니다.
물질에 깃들어 있는 정을 물질의 기초라고 합니다.
물질에 깃들어 있는 정을 생명의 기초라고 합니다.
물질에 깃들어 있는 백 에너지를 원소라고 합니다.
물질에 깃들어 있는 백 에너지를 페르미아라고 합니다.
물질에 깃들어 있는 백 에너지를 가이아의 백 에너지라고 합니다.
생명체에 깃들어 있는 백 에너지는
생명체가 죽음을 맞이한 후에는
행성 가이아의 백 에너지에 흡수가 이루어집니다.

물질에 깃들어 있는 정은 기를 만나 정기가 되고
물질에 깃들어 있는 정기를 분자라고 합니다.
물질에 깃들어 있는 영과 혼 에너지를 신이라고 합니다.
물질에 깃들어 있는 신 에너지를 생명운반자라고 합니다.

물질에 깃들어 있는 정기는 신을 만나 정기신이 됩니다.
물질에 깃들어 있는 정기신은 형상으로 드러남이라
삼변정기의 물질세상에서 정기신은 모양과 색으로 드러남이라
삼변정기의 물질세상에서 색은 정기신의 작용이라

진동수가 제일 높은 영이
생명체에 깃들어 있을 때는 정신작용을 주관합니다.
진동수가 낮은 혼이
생명체에 깃들어 있을 때는 감정과 욕망을 주관합니다.

진동수가 제일 낮은 백이
생명체에 깃들어 있을 때는 생명체의 외형을 주관합니다.

영혼백의 에너지가 물질에 깃들어 있을 때를 정기신이라고 합니다.
영혼백의 에너지가 생명체에 깃들어 있을 때를
정기신혈이라고 합니다.

영혼백의 에너지가 생명체에서 작용을 시작하면
생명체의 호흡과 함께 생명의 순환이 시작됩니다.

영혼백의 에너지가 생명체에서 정기신혈의 작용이 시작하면
오라 에너지장이 발생합니다.

오라 에너지는 생명체에서 영혼백이 작용하고 있다는 증거이며
오라 에너지는 영혼백의 상태를 파악할 수 있는 강력한 증거입니다.
오라 에너지는 복제동물이나 복제인간에게는 나타나지 않습니다.

영혼백 에너지가 생명체에서 작용을 시작하면
정기신혈의 작용이 시작됩니다.

생명체에서 진동수가 제일 높은 영이 작용을 시작하면
심장의 박동과 함께 심생혈(心生血)의 작용이 시작됩니다.
생명체에서 진동수가 제일 높은 영이 작용을 시작하면
심장의 박동과 함께 의식의 활동이 시작됩니다.

생명체에서 진동수가 낮은 혼 에너지가 작용을 시작하면
간생어좌(肝生於左)의 동기(動氣) 작용과 함께
간장혈(肝藏血)의 작용이 시작됩니다.
생명체에서 진동수가 낮은 혼 에너지가 작동을 시작하면
간신동원(肝腎同源)의 작용과 함께 감정의 작용이 시작됩니다.

생명체에서 진동수가 제일 낮은 백 에너지가 작용을 시작하면
신장의 작용과 함께 위생혈(胃生血)의 작용이 시작됩니다.
생명체에서 진동수가 제일 낮은 백 에너지가 작용을 시작하면
폐의 작용과 함께 기의 순환이 시작됩니다.

생명체에서 영혼백 에너지가 동시에 작용하면
생명체에서 영혼백 에너지의 작용이 정기신혈이 됩니다.

생명체에서 서로 다른 진동수를 가진
영혼백 에너지가 동시에 작용하면
위생혈과 간장혈과 심생혈의 작용이 시작됩니다.

생명체에서 진동수가 제일 높은 영 에너지의 작용이 강하면
심생혈이 기능이 강해지며 혈액의 순환이 활발하게 이루어집니다.
생명체에서 진동수가 제일 높은 영 에너지의 작용이 약하면
심생혈이 기능이 약해져 심혈관계의 질환이 발생하게 됩니다.

생명체에서 진동수가 낮은 혼 에너지의 작용이 강하면
간장혈의 기능이 강하며 육체적으로 강한 사람이 됩니다.

생명체에서 진동수가 낮은 혼 에너지의 작용이 약하면
간장혈의 기능이 약해져 피로회복이 잘 이루어지지 않게 됩니다.

생명체에서 진동수가 제일 낮은 백 에너지의 작용이 강하면
위생혈의 기능이 강하며 얼굴색이 좋습니다.
생명체에서 진동수가 제일 낮은 백 에너지의 작용이 약하면
위생혈의 기능이 약하며 빈혈이 발생하게 됩니다.

영혼백 에너지는 물질에서는 정기신이 되고
영혼백 에너지는 생명체에서는 정기신혈이 됩니다.

영혼백 에너지는 생명체에서
영은 심장에 거하며 심생혈의 작용으로 나타나며
혼은 간에 거하며 간장혈의 작용으로 나타나며
백은 폐에 거하면서 위에서 위생혈의 작용으로 나타남이라

나이가 들면서 영혼백 에너지는 조금씩 소진이 됩니다.
나이가 들면서 영혼백 에너지의 진동수는 조금씩 떨어집니다.
나이가 들면서 몸에서 정기신혈의 에너지작용 역시 떨어집니다.
나이가 들면서 몸에서 정기신혈의 작용이 떨어지면서
면역력의 저하와 함께 노화가 진행됩니다.

신체의 노화없이 불로장수의 삶을 살기 위해서는
정기적으로 영혼백 에너지의 추가 주입이 있어야 합니다.

영혼백 에너지의 주입으로 인간의 몸의 진동수는 높아지게 됩니다.
영혼백 에너지의 주입으로 영의식의 발산력은 높아지게 됩니다.
영혼백 에너지의 주입으로 정기신혈의 작용이 활발해지며
진정한 회춘과 불로장수의 삶이 펼쳐질 수 있습니다.

기가 돌면 혈이 돌고
혈이 돌면 기가 도니
삼변정기의 물질세상에서 생명은
영혼백 에너지가 피워낸 생명의 꽃이라

기는 혈을 따라 돌고
혈은 기를 따라 흐르니
삼변정기의 물질세상에서 영혼백 에너지는
인간의 몸속에서 정기신혈의 작용으로 펼쳐졌음이라

5장 6부의 비밀

생명체의 세포 하나하나에도 의식이 있습니다.
생명체의 조직 하나하나에도 고유한 의식이 있습니다.
생명체의 기관들도 각자의 고유한 의식을 담고 있습니다.

인간의 세포 하나하나마다 의식을 가지고 있습니다.
세포들이 의식을 가지고 있기에
세포들은 분열을 하고 증식을 하고 유전 활동을 할 수 있습니다.

인간의 몸을 구성하는 조직들도 각자의 고유한 의식이 있습니다.
조직을 이루는 세포들은 집단의식을 가지고 있습니다.
조직을 이루는 세포들이 공통된 집단의식을 구현하고 있기에
조직은 생명체의 몸에서 고유한 기능들을 발휘할 수 있는 것입니다.

세포마다 의식이 있기에 세포의 생명력이 발현될 수 있습니다.
세포마다 의식이 있기에 세포의 생로병사의 주기가 일어납니다.
세포마다 서로 다른 의식이 있기에 생명의 다양성이 나타납니다.

조직마다 의식이 있기에 조직의 보편성이 발현될 수 있습니다.
조직마다 서로 공통된 의식이 발현되고 있기 때문에
서로 다른 조직들이 조화와 균형을 유지할 수 있는 것입니다.

조직마다 서로 다른 의식이 있기에
조직마다 서로 다른 특수성이 발현될 수 있습니다.
조직마다 서로 공통된 의식이 발현되고 있기 때문에
서로 다른 조직들이 항상성을 유지할 수 있습니다.

세포에 부여된 의식은
세포의 생로병사의 주기가 정교하게 입력된 프로그램을 말합니다.

조직에 부여된 의식은
조직에서 이루어지는 생리현상을 정교하게 일어나게 하고
제어하는 기능을 담고 있는 프로그램을 말합니다.

기관에 부여된 의식은
6장 6부가 5장 6부의 기능을 제대로 수행할 수 있게 하는
프로그램을 말합니다.

인간의 장부 기관은 6장 6부입니다.
인간의 장부 기관마다 고유한 의식을 가지고 있습니다.
인간의 조물이 이루어질 때 장부의 의식이 부여됩니다.

사람마다 간이라는 장기에 부여되는 보편적인 의식이 있습니다.
사람마다 간이라는 장기에 부여되는 보편적인 의식이 있기에
사람에게 공통적인 간의 생리학적 기능이 나타날 수 있습니다.

사람마다 간이라는 장기에 부여되는 특수한 의식이 있습니다.

사람마다 간이라는 장기에 부여되는 특수한 의식이 있기에
사람에게 특이 체질을 가진 간의 생리학적 기능이
나타날 수 있습니다.

사람의 성격을 결정하는 것은 장부에 부여되는 의식입니다.
사람의 성격이 다양한 이유는 장부마다 담고 있는
의식의 내용이 다르기 때문입니다.

생명체마다 장부에 부여되는 공통된 의식이 있습니다.
생명체마다 장부에 부여되는 특수한 의식이 있습니다.
생명체마다 장부의 생리작용을 일으키는 의식의 내용이
조금씩 다릅니다.

창조주에 의해 인간이 조물될 때
장부에 부여되는 의식의 내용에 따라
다양한 성격을 가진 인간이 탄생됩니다.

창조주에 의해 인간이 조물될 때
장부 사이에 부여되는 의식의 내용과 의식의 크기에 따라
인간의 체질이 결정됩니다.

창조주에 의해 인간이 조물될 때
장부에 부여되는 서로 다른 의식의 내용들을
일괄적으로 관리하고 통제하는 시스템이 필요한데
이것을 생명회로도라고 합니다.

창조주에 의해 인간이 조물될 때
장부마다 부여되는 의식이 생명회로도를 통해
안정적으로 관리되고 통제되지 않으면
정신분열이나 감정장애로 나타나게 됩니다.

창조주에 의해 인간이 조물될 때
장부에 부여된 의식이 생명회로도를 통해 통제가 이루어지게 되면
인간의 몸에서는 다양한 질병이 나타나게 됩니다.

창조주에 의해 인간이 조물될 때
장부에 부여되는 의식이 생명회로도를 통해
의도적인 오류가 나타나도록 프로그램이 되면
불치병이나 난치병으로 나타나게 됩니다.

창조주에 의해 인간이 조물될 때
장부에 부여된 의식이 생명회로도를 통해
의도적으로 발현되지 못하게 되면
선천적인 장애나 발달장애가 나타나게 됩니다.

인간의 질병을 치유하기 위해서는
생명회로도에 대한 이해 없이는 불가능합니다.

불치병과 난치병을 치유하는 이적과 기적을 이루기 위해서는
생명회로도에 대한 접근권한이 하늘로부터 주어져야 합니다.

불치병과 난치병을 치유하는 이적과 기적을 이루기 위해서는
장부에 부여되는 의식에 대한 이해없이는 불가능합니다.

불로불사 무병장수의 삶을 살기 위해서는
생명회로도에 대한 온전한 통제권이
하늘로부터 주어져야 합니다.

불로불사 무병장수의 생명진리의 시대를 열기 위해
하늘이 땅으로 내려왔음을 전합니다.

땅으로 내려온 하늘이
인간의 몸을 직접 치유하는 시대가 시작되었음을 전합니다.

땅으로 내려온 하늘에 의해
의통의 시대가 시작되었음을 전합니다.

잠의 비밀

생명체는 진화합니다.
진화하는 것은 모두 모순이 있습니다.
생명체들은 모순이 있기에 진화할 수 있습니다.

생명체들은 잠을 잡니다.
잠을 자는 것은 생명체의 모순을 해결하기 위해서입니다.

생명체들이 잠을 자는 이유는
환경에 적응하고 진화하기 위해서입니다.

생명체들은 잠을 자는 동안에
하늘에서 제공하는 질좋은 서비스를 제공받고 있습니다.

영혼마다 물질 체험을 하기 위해 설정한 모순이 서로 다릅니다.
행성마다 물질 체험을 하기 위해 설치한 모순이 서로 다릅니다.
항성계마다 물질 체험을 하기 위해 설치한 모순이 서로 다릅니다.

하늘이 존재하는 이유는
영혼의 물질 체험을 위해
질좋은 서비스를 제공하기 위해서입니다.

하늘이 존재하는 이유는
물질 체험을 하고 있는 영혼들이 마음껏 뛰어놀 수 있는
다양한 연극 무대를
행성에 설치하고 운영하는 것입니다.

하늘이 존재하는 이유는
물질 체험을 하고 있는 영혼들이
재미있고 역동적인 체험이 될 수 있도록
다양한 콘텐츠를 제공하기 위해서입니다.

영혼마다 입고 있는 외투가 다릅니다.
영혼마다 입고 있는 외투의 종류가 너무 다양합니다.
영혼마다 최적화된 백 에너지의 스펙트럼이 다양합니다.

사람마다 고향별이 다릅니다.
사람마다 출신 은하나 출신 항성계가 다릅니다.
사람마다 영혼의 나이가 다릅니다.
사람마다 영혼의 진화 수준이 다릅니다.

우주에서 일반적으로 진행되는 영혼의 물질 체험은
같은 스펙트럼을 가진 영혼들끼리
같은 은하 같은 항성계 출신의 영혼들끼리
같은 영혼의 진화 과정을 경험하는 영혼들끼리
하나의 행성에 모여 이루어지는 것이 보편적인 일입니다.

다양한 고향을 가지고 있는 영혼들과
영혼의 나이가 서로 다른 영혼들을
지구 행성처럼 다차원 행성에 모아 놓고
영혼의 물질 체험을 진행한다는 것은 쉬운 일이 아닙니다.

이러한 모순들을 해결하기 위해
하늘은 다양한 방법을 사용하여
영혼들의 물질 체험이 이루어지도록 하고 있습니다.

생명체가 살고 있는 행성마다 환경이 모두 다릅니다.
생명체가 살고 있는 행성마다 설정된 모순이 다릅니다.
생명체가 입고 있는 외투마다 설정된 모순이 다르며
영혼의 출신과 영혼의 나이가 다릅니다.

이러한 모순을 해결하기 위해 하늘에서 고안된 것이
생명체들에게 잠을 자게 하는 것입니다.

생명체마다 창조될 때 최적화된 환경이 있습니다.
생명체마다 창조될 때 최적화된 행성이 있습니다.
생명체마다 창조될 때 최적화된 은하가 있습니다.

생명체들이 잠을 자고 있는 동안에
생명체가 살고 있는 행성의 제한된 환경과
생명체가 살고 있는 행성에 설치된 모순 때문에 발생하는
부작용들을 교정하고 치유하기 위한

영점 조정들이 이루어지고 있습니다.

생명체들이 잠을 자는 동안에
행성의 가이아 의식에 잘 적응할 수 있도록 하기 위해
영혼백 에너지들의 정렬이 이루어집니다.

생명체들이 잠을 자는 동안에
생명체들이 행성의 환경에 잘 적응하고 진화하기 위해
생명체들의 생명 현상을 지원하고 있는
무형으로 존재하는 생명유지 시스템들에 대한
업그레이드와 에너지 정화가 이루어지고 있습니다.

생명체들마다 최적화된 빛이 있습니다.
생명체들마다 최적화된 의식이 있습니다.

생명체들이 잠을 자는 동안에
낯선 환경에 낯선 외투를 입고 물질 체험을 하는 생명체들에게
생명체들마다 최적화된 빛을 공급해주고 있습니다.
이 빛은 생명체들에게는 원기가 되고 정기가 되어 줍니다.

생명체들이 잠을 자는 동안에
낯선 행성에서 낯선 외투를 입고 물질 체험을 하는 생명체들에게
생명체들마다 최적화된 의식을 공급해 주고 있습니다.
이 빛은 생명체들에게 심리적인 안정감과 함께
의식의 정화가 일어나게 합니다.

영혼마다 최적화된 빛이 다릅니다.
영혼마다 최적화된 의식이 다릅니다.

인간이 잠을 자는 동안에
장부들에게 최적화된 빛이 공급됩니다.
이 빛을 통해 장부들의 흩어진 영점 조정들이 이루어집니다.
이 빛의 작용을 동양의학에서는
정기(正氣) 또는 원기(元氣)라고 하였습니다.

인간이 잠을 자는 동안에
장부들에게 최적화된 의식의 빛이 공급됩니다.
이 의식의 빛을 통해 인체 장부들의 의식의 정화가 이루어집니다.
이 빛의 작용을 동양의학에서는 축정(蓄精)이라고 하였습니다.

인간이 잠을 자는 동안에
의식과 감정을 정화하는 빛이 들어와서
의식과 감정의 정화가 일어납니다.

인간이 잠을 자는 동안에
무의식 잠재의식 현재의식 사이에 정리와 정화가 일어납니다.
이 중 일부가 꿈을 통해 드러나기도 합니다.

생명체가 잠을 자는 동안에 이루어지는 정화 작업만으로는
생명체들이 온전하게 환경에 적응하고 진화한다는 것이
불가능합니다.

특히 인간과 같이 높은 의식을 구현하고
폭넓은 감정을 느끼는 지적인 생명체들은
잠자는 시간에 이루어지는
하늘의 영점 조정과 정화 작업만으로는 부족한 증상들이
의식 수준이 높은 생명체들에게 나타났습니다.

행성의 모순된 환경으로 인하여
행성에 살고 있는 의식이 높은 생명체들은
심리적으로 불안정하고
의식적으로 지쳐가거나 분열이 일어나는 증상이 나타나는 것을
완화하고 개선하기 위해
잠과는 다른 형태의 시스템이 필요했습니다.

이렇게 해서 만들어진 우주의 빛 공급 시스템이
하늘과 연결된 양백줄을 통해 공급되는 자오유주도의 빛입니다.

자오유주도의 빛은 하루를 12지간으로 나누어
2시간마다 우주의 빛이 하늘과 연결된 양백줄을 통해
생명체에게 공급되는 빛을 말합니다.

자오유주도의 빛은 2시간을 주기로 공급되는 빛이 다릅니다.
자오유주도의 빛은 2시간마다
생명체의 장부에 최적화된 빛이 들어와서
장부들의 피로감을 정화하고
장부들의 의식을 정화시키는 작용을 하게 되었습니다.

동양에서는 이것이 자오유주도라고 알려져 있습니다.

자시	23시 ~ 1시	담(膽) 정화
축시	1시 ~ 3시	간(肝) 정화
인시	3시 ~ 5시	폐(肺) 정화
묘시	5시 ~ 7시	대장(大腸) 정화
진시	7시 ~ 9시	위(胃) 정화
사시	9시 ~ 11시	비장(脾臟) 정화
오시	11시 ~ 13시	심장(心臟) 정화
미시	13시 ~ 15시	소장(小腸) 정화
신시	15시 ~ 17시	방광(膀胱) 정화
유시	17시 ~ 19시	신장(腎臟) 정화
술시	19시 ~ 21시	심포(心包) 정화
해시	21시 ~ 23시	삼초(三焦) 정화

이것이 인류가 모르고 있는 잠에 담겨 있는 우주의 비밀입니다.
이것이 인류가 모르고 있는 자오유주도에 담겨 있는
대우주의 비밀입니다.

인류가 모르고 있었던 잠과 자오유주도에 숨겨진
대우주가 제공하는 질좋은 서비스의 비밀을 전합니다.

뇌의 비밀

인간의 마음은 어디에 있습니까?
인간의 마음이 심장에 있다고 믿는 사람들이 있습니다.
인간의 마음이 뇌에 있다고 믿는 사람들이 있습니다.

인간의 과학기술은 아직 인간의 마음이 어디에 있는지
그 메커니즘을 아직 알아내지 못하고 있습니다.

인간의 뇌는 마음을 발생시키는 장치와 연결되어 있습니다.
인간의 뇌는 마음을 발생시키는
메타 휴머노이드 의식구현 시스템의 3가지 층위 중
가장 윗층에 있는 현재의식과 연결되어 의식을 구현하고 있습니다.

인간의 뇌는 마음 발생 장치의 무의식과 잠재의식 층위와는
직접 연결되어 있지 않습니다.
인간의 뇌가 무의식과 잠재의식 층위와 직접 연결되어 있지 않기에
인간은 무의식과 잠재의식에 있는 정보의 내용들을 알 수 없습니다.

의식이 의식만으로 있을 때는 그 내용을 내가 인지할 수 없습니다.
생각이 생각으로만 있을 때는 그 내용을 내가 확인할 수 없습니다.
감정이 감정으로만 있을 때는 그 감정을 내가 느낄 수 없습니다.

내 의식을 내 의식으로 내가 인지하기 위해서는
반드시 뇌의 작용을 통해서만 의식할 수 있습니다.

내 생각을 내 생각으로 인지하기 위해서는
반드시 뇌의 작용을 거쳐야지만 내 생각으로 인지할 수 있습니다.

나의 뇌의 작용을 거친 정보만이 내가 인지할 수 있습니다.
나의 뇌의 작용을 거친 감정만이 내가 느낄 수 있습니다.

인간의 잠재의식에 저장되어 있는 정보들은
뇌에 직접 연결되어 있지 않기에
인간은 자신의 잠재의식에 있는 것을 인지할 수 없습니다.

나의 잠재의식에 있는 정보들은
나의 뇌의 작용을 거쳐야지만 비로소 내 것이 되는 것입니다.

인간의 무의식에 저장되어 있는 정보들과
뇌가 직접 연결되어 있지 않기에
인간은 자신의 무의식 층위에 있는 것을 인지할 수 없습니다.

나의 무의식에 있는 정보들은
나의 뇌의 작용을 거쳐야지만 비로소 내 것이 되는 것입니다.

인간의 뇌의 작용이 없다는 것은
의식 활동이 이루어지지 않고 있다는 것입니다.

뇌는 영화관의 스크린에 비유할 수 있습니다.
마음 발생 장치에서 나온 정보를 영사기에 비유하면
뇌는 영화관의 스크린에 비유할 수 있습니다.

인간은 뇌라는 다양한 스크린에 비추어진 정보들을
인간이 감각으로 느끼거나 상징이나 기호로 인지하는 것입니다.

인간의 뇌는 진동수가 높은 정보를
진동수가 낮은 정보로 전환시키는 장치입니다.
인간의 뇌는 보이지 않는 세계를
보이는 세계로 연결하는 장치입니다.

인간의 뇌는 상징의 세계를 기호로 전환시키는 장치입니다.
인간의 뇌는 감각을 느끼고 감각을 통합하는 장치입니다.
인간의 뇌는 정보를 저장하고 정보를 기억해내는 장치입니다.

마음 발생 장치에서 감정과 의식의 통합이 이루어집니다.
마음 발생 장치에서 고도의 추상화된 의식이 발현됩니다.
마음 발생 장치에서 창의력과 창조력이 발현됩니다.

마음 발생 장치에서 무의식과 잠재의식 층위에 있는
정보들이 통합되고 정보의 정렬이 발생합니다.

마음 발생 장치에서 현재의식과 잠재의식과 무의식 사이의
정보들이 연산되고 정보들이 통합됩니다.

마음 발생 장치에서 나온 정보들마다
뇌에서 구현되는 부위가 서로 다릅니다.

메타 휴머노이드 의식구현 시스템이라는
마음 발생 장치의 성능이 아무리 좋아도
이것을 뒷받침 해주는 뇌의 스크린 작용에 문제가 있다면
그 사람은 평범한 사람이거나 무엇인가 부족한 사람일 것입니다.

마음 발생 장치인 메타 휴머노이드 의식구현 시스템을
정확하게 뒷받침 해줄 수 있는 뇌의 스크린 작용이 이루어질 때
인간은 천재성이 드러나거나
정상적인 인지 활동이 이루어지게 되는 것입니다.

인간의 뇌는 메타 의식구현 시스템에 나온 정보들이
뇌라는 스크린에 다양하게 비추어진 형상들을
분석하고 통합하는 역할이 있습니다.

인간의 뇌는 부위마다
특수한 정보들을 스크린 할 수 있는 기능이 있습니다.
인간의 뇌는 뇌의 특수한 부위에서 형상화하고 기억된 정보들을
분석하고 통합하는 역할이 있습니다.

인간의 뇌는 마음 발생 장치를 거치지 않는 생명현상들에 대한
정보들을 컨트롤하는 역할이 있습니다.

인간의 생명현상에 대한 모든 정보들이 입력되어 발현되는 곳이
생명회로도입니다.

생명회로도에 있는 정보들을
뇌에서 정상적으로 인지하는 과정을 거쳐
생명체의 생로병사의 생명현상들이 나타나고 있는 것입니다.

생명회로도에서 구현되는 정보와
뇌에서 인지하는 정보가 서로 다른 경우에
뇌의 의도된 인지 오류에 의해 다양한 질병이 발생합니다.

뇌의 의도된 오류에 의해 당뇨병과 고혈압은 발생합니다.
뇌의 의도된 오류에 의해 인간의 많은 질병들이 발생합니다.
뇌의 의도된 오류에 의해 인간의 질병은 하늘에 의해 관리됩니다.

뇌의 의도된 오류에 의해 인간의 성격장애가 나타납니다.
뇌의 의도된 오류에 의해 인간의 감정장애가 나타납니다.
뇌의 의도된 오류에 의해 인간의 정신질환이 나타납니다.

뇌의 의도된 오류를 통해 인간의 능력이 하늘에 의해 조물됩니다.
뇌의 의도된 오류를 통해 인간의 개성이 하늘에 의해 조물됩니다.
뇌의 의도된 오류를 통해 인간의 모순이 하늘에 의해 조물됩니다.

시절인연이 되어
우데카 팀장이 이 글을 기록으로 남깁니다.

불로장수의 비밀

지구는 인간에 대한 다양한 실험들이 이루어진 실험행성입니다.
지구는 인간이 탄생하고 인간에 대한 모든 정보들을 가지고 있는
인간의 고향별입니다.
지구는 우주에서 인간이라는 종을 보존하기 위해 유일하게 존재하는
호모 사피엔스의 종자행성입니다.

인간에게는 오래된 꿈이 있습니다.
그 중 하나가 먹지 않고 사는 것입니다.

인간이 음식을 먹지 않고 얼마나 살 수 있을지에 대한
다양한 실험들이 오랫동안 지구 행성에서 이루어졌습니다.

음식을 먹지 않고 살 수 있도록 특수한 몸을 가지고
음식을 먹지 않고 살고 있는 극소수의 사람들이 태어나
실험에 참여하고 있습니다.

음식을 먹지 않고 살 수 있는 사람들은
겉으로 보면 인간과 동일하게 보일 것입니다.
심지어 물조차 먹지 않고 살고 있는 사람들은
겉으로 보면 인간과 동일하게 보일 것입니다.

음식을 먹지 않고 살 수 있는 사람들은
특수하게 조물이 되어 태어난 사람들입니다.
음식을 먹지 않고 살 수 있는 사람들은
식물처럼 동화(同化)작용을 하며 에너지를 생산하며 살고 있습니다.

음식을 먹지 않고 살 수 있는 사람들은
보이지 않는 세계에서 그들의 세포 중에
미토콘드리아의 기능이 많이 활성화되어 있습니다.

물조차 먹지 않는 사람들은
보이지 않는 세계에서 그들의 폐 세포와 신장의 기능들이
일반인들과는 다르게 조물되어 있습니다.

미토콘드리아는 세포 내에 있는 기관 중에 하나입니다.
인간의 몸은 탄수화물이나 당분을
직접 에너지원으로 사용할 수 없습니다.
미토콘드리아는 음식을 통하여 흡수된
탄수화물이나 포도당이나 아미노산을
ATP(아데노신3인산)로 전환시켜서
세포의 에너지원으로 사용하고 있습니다.

현재의 인간은 먹지 않고 살 수 없습니다.
인간은 식물처럼 무기물을 유기물로 전환시켜주는
기능이 없기 때문입니다.

무기물이 유기물로 전환되는 이 시스템을
광합성 또는 동화작용이라고 합니다.
이것은 식물에서 이루어지고 있습니다.

현재의 인간은 몸은
공기 중에 있는 무기물질을 흡수하여
에너지원으로 사용할 수 없었습니다.
인간은 반드시 분자 형태인 유기물을 음식을 통해서 섭취해야만
생명 활동을 유지할 수 있습니다.

무기물의 세계를 불교에서는 공(空)이라 하였으며
유기물의 세계를 불교에서는 색(色)이라 하였습니다.
공이 색이 되는 공즉시색의 세계가
식물의 엽록소에서 일어나는 광합성이 갖는 우주적 의미입니다.

유기물이 다시 무기물의 형태로 환원되어
우리 몸에서 소화작용을 통하여
색이 다시 공으로 환원되며
유기물이 다시 무기물로 환원되는
색즉시공의 세계가 소화작용이 갖는 우주적 의미입니다.
이것을 생명의 순환이라고 합니다.

동물이나 인간은 동화작용을 할 수 없습니다.
동화작용은 식물의 세포에 있는 엽록소에서 일어나고 있습니다.

인간의 몸이 생체 내에서 활용할 수 있는 에너지를 ATP라고 합니다.
인간의 몸에서 ATP를 생성해내는 에너지 공장이 있는데
이 공장을 미토콘드리아라고 합니다.

인간이 창조될 때 인간의 몸에 있는 미토콘드리아에는
식물처럼 무기물을 유기물로 만들 수 있는
동화작용을 할 수 있는 구조와 기능들이 탑재되어 있습니다.

인간이 창조될 때 미토콘드리아를 통하여
음식을 먹지 않고도 살아갈 수 있도록 하는
시스템이 모두 갖추어져 있습니다.

현재의 대기 환경에서
인간의 몸에 있는 미토콘드리아는
인간의 몸을 구성하고 있는 공의 세계에 있는
생명회로도에서 작동되지 못하도록 봉인되어 있습니다.

미래의 인간, 새로운 정신문명이 본격적으로 열리는 시기에
새 하늘과 새 땅이 시작이 되면서
인간의 몸에 있는 생명회로도가
높은 버전으로 업그레이드 될 것입니다.

인류의 의식이 고차원 의식으로 전환되는 속도에 맞추어
인류의 세포에 있는 미토콘드리아의 기능이
점차적으로 작동되기 시작할 것입니다.

미토콘드리아의 가동이 서서히 증가되면서
음식에 의존하는 비중이 줄어들게 될 것입니다.

미토콘드리아의 가동이 서서히 증가되면서
인간은 음식을 먹지 않고 살 수 있는
물질적 토대가 형성될 것입니다.

미토콘드리아의 가동이 증가되면서
인간의 몸이 필요한 에너지원을 음식을 통해서가 아닌
미토콘드리아를 통해 스스로 생산할 수 있는
물질적 토대가 형성될 것입니다.

미토콘드리아의 가동이 증가되면서
인간은 음식물의 섭취가 줄어들게 될 것입니다.

보이지 않는 세계에서
지축의 정립을 시작으로 얼음천공의 설치와 함께
생명회로도에서의 봉인 해제와 함께
하늘에 의해 미토콘드리아의 역할의 확대가
준비되고 있음을 전합니다.

인간이 불로장생을 하려면
미토콘드리아의 역할이 확대되어야 합니다.
미토콘드리아의 역할이 확대되기 위해서
하늘이 다음과 같은 것을 준비하고 있음을 전합니다.

첫째 : 지구 환경의 변화

- 지축의 정립으로 인한 에너지 불균형의 해소가 되어야 합니다.
- 중력과 자기장의 변화
- 산소농도의 증가

둘째 : 생명회로도의 봉인 해제

- 경락 시스템의 변화 ⇒ 12경락에서 15경락으로의 변화
- 미토콘드리아 내에 있는 제2의 공장의 봉인의 해제가
  생명회로도에서 일어나야 합니다.
- 차크라 가동률이 56% 이상이 되어야 합니다.

셋째 : 인간의 몸의 변화

- 고차원의 빛이 유입되기 때문에
  몸의 진동수가 높아져야 합니다.
- 본영과의 합일이 일어나야 합니다.
- 인간의 키가 지금보다 30cm 이상 더 커져야 합니다.
  세포 내에서 미토콘드리아가 충분히 커져야 하며
  그래야만 미토콘드리아의 봉인이 해제될 수 있기 때문입니다.
- 미토콘드리아의 봉인이 해제된 후
  미토콘드리아 내의 제2의 공장이 가동됩니다.

넷째 : 미토콘드리아의 제2의 공장 가동 효과

- 음식물 섭취가 현저히 줄어들게 됩니다.
- 빛의 몸이 되어 세포의 노화가 현저하게 느려지게 됩니다.
- 인간의 평균 수명이 늘어나게 됩니다.

다섯째 : 미토콘드리아의 가동률과 인간의 수명과의 관계

- 미토콘드리아 가동률 20% ⇒ 300세로 증가
- 미토콘드리아 가동률 40% ⇒ 600세
- 미토콘드리아 가동률 60% ⇒ 1,000세
- 미토콘드리아 가동률 80% ⇒ 2,000세
- 미토콘드리아 가동률 100% ⇒ 3,000세

지구 행성의 지축의 정립 후
지구 행성의 역장의 설치와 운영 후
지구 행성에 자미원의 건설이 이루어지면서
미토콘드리아의 가동률과 차크라 가동률이 높아지면서
인류의 수명은 점차적으로 늘어나게 될 것입니다.

인간이 음식을 먹지 않고 살 수 있도록 하기 위해
미토콘드리아 방식 이외에도 다양한 에너지원을 이용한
다양한 실험들이 하늘에 의해 이루어지고 있습니다.

인간이 음식을 먹지 않고 불로장생할 수 있는 인간의 꿈은
하늘의 꿈이기도 합니다.

암은 프로그램입니다

윤회(輪廻)는 인간이 영혼의 물질 체험을 위해
행성의 영단에 입식될 때부터
행성의 주기에 보조를 맞추어 준비되는 인생 프로그램입니다.

윤회 프로그램은 본영에 의해 기획되고 설계됩니다.
하늘은 윤회 프로그램을 승인하고 집행하는 기관입니다.

암(癌)의 발병은 윤회 프로그램 중 일부분입니다.
암의 발병은 본영에 의해 기획되고 설계됩니다.
암이 발생하는 부위와 암이 증식하는 속도 등이
정교하게 설계되어 윤회 프로그램 속에 삽입됩니다.

암에 걸린 사람이
수술과 특별한 약물 치료없이
완치가 되는 경우가 있습니다.
암에 걸린 사람이
큰 고통없이 오랜 세월 동안
암과 동행하는 경우도 있습니다.

암에 걸린 사람들에게서 나타나는 다양한 유형들이
본영에 의해 정교하게 프로그램되어 셋팅됩니다.

암이 발생하는 정교한 프로그램은
인간의 몸을 구성하고 있는 공의 세계 층위에 있는
생명회로도에 입력됩니다.

암이 발생하는 프로그램을 통해
인간의 몸을 구성하고 있는 기의 세계 층위에 있는
경락 시스템의 차단이나 경락 시스템의 봉인이 이루어집니다.

암이 발생하는 프로그램을 통해
인간의 몸을 구성하고 있는 기의 세계 층위에 있는
차크라 시스템의 차단이나
차크라 시스템의 효율 저하로 인한
빛 공급 시스템에 문제를 발생시킵니다.

암이 발생하는 프로그램을 통해
인간의 몸을 구성하고 있는 색의 세계 층위에 있는
뇌의 오류를 의도적으로 일으켜
비정상적인 생리 현상을 정상적인 것으로 인식하면서
암이 발생하게 됩니다.

암이 발생하는 프로그램을 통해
인간의 몸을 구성하고 있는 색의 세계 층위에서
혈관 시스템과 모세혈관 시스템을 지원하는
무형의 기계장치들이 비정상적으로 작동하도록 하기 때문입니다.

암이 발생하는 프로그램을 통해
암세포가 발생하는 부위가 정해집니다.

암이 발생하는 프로그램을 통해
암세포의 크기와 암세포의 증식 속도가 입력됩니다.

암이 발생하는 프로그램 내용에
암세포가 감소하는 시기의 속도가 입력되어 있다면
우연을 가장하여 자연스럽게 치유가 이루어지게 됩니다.

암이 발생하는 프로그램 내용에
암세포가 사라지는 프로그램이 입력되어 있다면
별다른 치유를 받지 않아도
암은 완치가 이루어지게 됩니다.

암이 발생하는 프로그램 내용에
암세포를 억제하는 프로그램이 되어 있지 않다면
암으로 인하여 생명체는 죽음을 맞이하게 됩니다.

인간의 몸에 있는 생명회로도에 입력된 암 발생 프로그램은
매우 정교하게 짜여져 있습니다.

암을 치유하기 위해서는
공의 세계 층위에 있는 생명회로도에 있는
프로그램의 수정이 있어야 합니다.

암을 치유하기 위해서
생명회로도에서 암을 발생시키고 있는 프로그램을
18차원 라파엘 천사들이 수정하는데 일주일 정도가 소요됩니다.

암을 치유하기 위해서는
생명회로도에 접근권한이 있는 천사들이나
18차원의 라파엘 천사들에게 명령 권한이 있는 인자에 의해
기존의 암 발생 프로그램을 수정한
새로운 프로그램으로 대체되어야 합니다.

암을 치유하기 위해서는
생명회로도에 암을 치유하는 새로운 프로그램이 입력되고
경락 시스템의 오류나 경락 시스템의 봉인을 풀고
뇌의 오류를 바로잡는데 많은 시간들이 소요됩니다.

암을 치유하기 위해서는
생명회로도에 암을 치유하는 프로그램이 입력이 된 이후에
최소 4개월에서 8개월 정도의 물리적인 시간이 필요합니다.

암이 발생한 사람 중에 실제로 암으로 죽기로 예정된 사람이
암을 극복하고 치유되는 사례는 존재하지 않습니다.

암이 발생한 사람이 암이 치유되는 것은
암이 치유되기로 예정된 사람에게서 일어나는 현상입니다.

지상으로 내려오신 창조주의 중심의식에 의해
불치병인 암이 치유될 수 있는 기회가 열렸음을 전합니다.

2020년 11월 25일부터
생명체의 생로병사를 관리하는
18차원의 빛의 생명나무 시스템이 가동되었습니다.

창조주의 권능을 상징하는
18차원의 빛의 생명나무 시스템이 가동되면서
땅으로 내려오신 창조주의 중심의식에 의해
인간의 질병을 치유할 수 있는
이적과 기적의 시대가 펼쳐질 수 있게 되었습니다.

하늘의 시절인연이 있는 인자들에게
하늘의 축복이 함께하게 될 것입니다.
대우주의 기쁜 소식을 우데카 팀장이 전합니다.

축농증이 치유되는
보이지 않는 세계의 원리

축농증은 폐에서 발생한 열이 원활하게 발산되지 못하면서
발생하게 됩니다.

폐에 발생한 열은 호흡을 통해
대기 중으로 발산하게 됩니다.
폐에 발생한 열은 표리관계에 있는 대장을 통해
대변으로 소통이 됩니다.
폐에 발생한 열은 공변관계에 있는 방광을 통해
소변으로 배출이 됩니다.

폐에 발생한 열은 인두편도를 통해
입안으로 발산을 하게 됩니다.
폐에 발생한 열이 인두편도를 통해
입안으로 발산하지 못하게 되면 축농증이 발생하게 됩니다.
폐에 발생한 열이 인두편도를 통해서
잘 발산되어야 하는데
인두편도의 기능이 떨어지면서
축농증이 발생하게 됩니다.

인두편도의 기능과 축농증이 일어나는
보이지 않는 세계의 원리는 다음과 같습니다.

첫째

사람은 코와 입을 통해 호흡을 합니다.
코와 입을 통해 들어오는 외부 공기는
일정한 온도를 유지하려는 우리 몸의 입장에서는
늘 변수가 됩니다.
호흡을 하는 외부 공기에 대한
일차적인 정보가 파악되는 곳이
입안에 있는 인두편도에서 이루어집니다.

인두편도는 코로 들어오는 공기의 한열을 감지하며
입안으로 들어오는 공기의 한열을 감지하게 됩니다.
지나치게 더운 공기가 유입이 되거나
지나치게 차가운 공기가 유입이 되면
제일 먼저 인두편도가 감지하게 됩니다.
인두편도에 이상이 감지되면
인두편도에 연결되어 있는
수태음 폐경과 족태양 방광경을 통한 한열의 조절 기능이
원활하게 이루어지도록 명령을 내리게 됩니다.

인두편도는 수태음 폐경 표층과
족태양 방광경의 표층 사이에서 이루어지는
장부의 공변작용을 통해
한열의 조절이 일어나도록 하는 기능이 있습니다.
인두편도의 이와 같은 기능이
정상적으로 작동되지 못하면 축농증이 발생하게 됩니다.

둘째

인두편도는 폐에서 발생한 열을 배출하는
배수혈의 역할을 하고 있습니다.
인두편도는 자체적으로 폐의 열을
입안으로 배출할 수 있도록 설계되어 있습니다.
인두편도가 막혀서 폐의 열이 빠지지 않고
비강에 폐의 열이 갇히게 되면
축농증이 발생하게 됩니다.

셋째

인두편도의 무형의 기계장치를 통해서 발생한 적취가
빠져나가지 못하고 쌓이기 시작하면서
인두편도의 기능이 떨어지게 됩니다.
폐의 무형의 기계장치가 가동되면서 발생하는 많은 적취들 또한
인두편도를 통해 빠져나가도록 설계되어 있습니다.
인두편도가 폐에서 나오는 많은 적취들을 처리하지 못하고
인두편도 주변에 쌓이게 되면
늘 입천장이 미끌거리거나 불편한 증상이 나타나게 됩니다.
인두편도가 적취에 의해 기능이 떨어지게 되면
축농증 증세가 나타나며 매핵기 증세가 나타납니다.

인두편도는
폐의 열을 조절하고
뇌에서 발생한 열을 입안으로 배출하는
배수혈의 역할을 담당하고 있습니다.

인두편도는
폐의 무형의 기계장치에서 발생한 적취를
입안으로 배출하는 배수혈의 역할이 있습니다.
인두편도는
뇌의 무형의 기계장치에서 발생한 적취를
입안으로 배출하는 배수혈의 역할이 있습니다.

인두편도의 이와 같은 기능이 저하되면서
축농증이 발생하며 매핵기 증상이 나타나며
머리가 맑지 못한 증상과 두통이 발생하게 됩니다.

인두편도의 기능을 정상화하는
보이지 않는 세계의 치유를 통해
축농증과 매핵기 증상은 쉽게 치유가 이루어집니다.
우리 몸을 치유하는 하늘의 의사그룹인
라파엘 천사들이 치유하는 것을 보면
다음과 같이 축농증의 치유가 이루어집니다.

첫번째
축농증이 있다고 코를 직접 빛으로 치유하지 않습니다.
제일 먼저 인두편도의 막힌 배수혈을 복원하는
빛 치유가 시작이 됩니다.
인두편도의 배수혈이 확보되면
인두편도 주변에 쌓여 있는 적취들을 제거하는
작업들이 이루어집니다.

두번째

인두편도 주변에 적취들이 제거되고 나면
인두편도와 연결된 조직들과 기관들의 무형의 기계장치들이
정상적인 범위 내에서 작동할 수 있도록 수리를 하거나
셋팅값들을 정상적으로 맞추는 작업이 이루어집니다.

세번째

인두편도 주변에 있는
다른 3개의 편도 시스템과의 조율이 이루어집니다.
특히 이관편도와 구개편도와의 어긋나 있는 시스템들의
영점 조정이 이루어집니다.

이와 같은 방법으로 심각한 축농증이라도
한 시간 정도면 치유가 이루어집니다.
오로지 천사들이 빛을 통해
보이지 않는 세계에서의 축농증의 치유가
빛마당을 통해 빛 치유가 이루어지고 있음을 확인할 수 있었습니다.

축농증의 치유가 원활하게 이루어지지 않는 경우가 있는데
카르마 에너지장이 설치가 되어 있는 경우가 있습니다.
인두편도와 머리 그리고 폐에 걸쳐
카르마 에너지장이 걸려 있는 경우는
천사들이 그 카르마 에너지장 안으로 진입하기가 어렵기 때문에
축농증의 치유가 어렵습니다.

카르마 에너지장을 해체하고 나서 이루어지는 축농증의 치유는
거의 완치에 가까운 치유가 이루어지고 있음을
확인할 수 있었습니다.

이것이 바로 새 하늘과 새 땅에서 펼쳐질
미래 의학의 모습입니다.

이 글은
하늘과의 소통속에
하늘과의 조율속에
의식이 깨어나고 있는 하늘 사람들과
의식이 깨어나고 있는 빛의 일꾼들을 위해
의통의 시대를 열기 위해
의통의 시대를 완성하기 위해
우데카 팀장이 기록을 위해
이 글을 남깁니다.

정신분열증이 치유되는
보이지 않는 세계의 원리

내가 나의 감정을 가지고 산다는 것은 축복입니다.
내가 나의 의식을 가지고 산다는 것은 축복입니다.
내가 내 마음을 가지고 산다는 것은 축복입니다.
내가 나의 자유의지를 가지고 산다는 것은
축복 중에 축복입니다.

내 마음을 내가 어떻게 하지 못할 때가 있습니다.
내 마음이 내 마음대로 되지 않을 때가 있습니다.
내 마음이 내 마음대로 작용하지 못하거나
내 마음이 나의 의지대로 작용하지 못하거나
내 마음이 나의 감정대로 작용하지 못하고
왜곡이 되거나
제대로 작동되지 않을 때를
정신분열이라고 합니다.

뇌 기능의 구조적인 모순이나
뇌의 질병으로 인해
정신분열이 일어나는 경우도 있습니다.
이 글은 뇌 질환으로 설명할 수 없는 부분을 다루고 있습니다.
이 글은 하늘의 에너지체들에 의해
정신분열이 발생하고 치유되는 원리를 설명한 글입니다.

이 글은 인간의 눈에는 보이지 않고
인간의 현재 과학기술 장비로는 밝혀낼 수는 없지만
인간의 몸에 존재하는 카르마 에너지장에 의해 발생하는 정신분열과
감정과 의식의 구현 시스템에 발생하는
보이지 않는 세계의 원리를 기록한 글입니다.

정신분열이 일어나는 보이지 않는 세계의 원리는
크게 2가지로 설명할 수 있습니다.

첫째
인간의 몸이 조물될 때 인간의 몸에 설치되는
카르마 에너지장 때문에 정신분열이 발생할 수 있습니다.
인간의 몸에 설치되는 카르마 에너지장은
15차원과 17차원의 빛과 우주 공학기술로 설치됩니다.
카르마가 중대하고 무거운 경우는
18차원의 빛에 의해 설치되는 카르마 에너지장이 있습니다.
차원이 높은 빛에 의해 설치되는 카르마 에너지장은 더 강력하며
인간의 몸에 더 많은 영향을 주게 됩니다.

둘째
인간의 몸에 하늘의 에너지체(귀신이나 어둠의 천사)들에 의해
발생하는 감정장애나 정신분열이 있습니다.
에너지체들에 의해 발생하는 감정장애나 정신분열은
주로 급성으로 나타났다가
시간이 지나면서 증상이 완화되는 특징이 있습니다.

카르마 에너지장에 의해 발생하는 감정장애나 정신분열은
한번 발생하면 지속적으로 나타난다는 것이 특징입니다.
카르마 에너지장에 의해 발생하는 정신분열 증상은
좋아졌다 나빠졌다 하는 기복이 나타나지 않으며
최소 20년에서 최대 40년 이상
정신분열증이 나타나는 특징이 있습니다.

카르마 에너지장이
임맥에 있는 12개의 감정선에 설치가 되면
감정장애로 나타납니다.

- 폭발적인 분노로 나타나거나
  조울증과 우울증이 나타나기도 합니다.

- 냉정하고 이성적인 감정만이 나오게 되어
  타인과의 공감능력이 떨어지고
  비난과 비판을 통해 입바른 소리를 잘하는 사람으로 살고 있습니다.

- 기쁨을 머리로는 이해하지만
  가슴으로는 공명하지 못하게 됩니다.
  10년 동안 단 한 번도 울어본 적이 없는 사람으로
  살고 있는 사람들이 주변에 의외로 많이 있습니다.

카르마 에너지장이 독맥에 있는 의식선에 설치가 되면
상황에 맞는 말과 행동을 잘 할 수 없게 됩니다.

기억력이 좋지 않아
자신이 머리가 나쁘다고 생각하고 있습니다.
상황 판단력이 떨어지고
당황하면 아무 생각이 나지 않게 됩니다.
남의 말을 반복적으로 따라하거나
복잡하거나 추상적인 사고를 할 수 없게 됩니다.

일반적으로 감정장애와 정신분열증은
카르마 에너지장이 설치된 사람에게
하늘의 에너지체들이
동시에 영향을 주게 되는 경우에 발생하게 됩니다.
해소할 카르마가 많은 사람일수록
카르마를 단기간에 해소하기 위해
인생의 프로그램에 따라서
감정장애의 정도나 정신분열의 정도가
보이지 않는 세계에서 결정되어
하늘에 의해 집행이 이루어집니다.

카르마 에너지장이 설치되어 있는 사람에게
에너지체들이 감정선과 의식선을 통제하여
감정장애나 정신분열 증상이 나타나게 되면
증상이 만성화되어 나타나게 됩니다.
중증 환자에 속하며
정상적인 일상생활이 불가능하게 됩니다.

카르마 에너지장이 설치되어 있지 않은 사람이

에너지체들에게 감정선과 의식선이 통제되어

감정장애나 정신분열 증상이 나타나게 되는 경우가 있습니다.

하늘의 에너지체들에 의해 발생하는 감정장애나 정신분열의 특징은

급성기가 있으며 회복기가 있다는 것입니다.

하늘의 에너지체들의 강력한 에너지에

인간의 감정과 의식이 지배당하는 것이기에

아주 오랫동안 지속하는 것이 불가능하기 때문입니다.

하늘이 인간에게 에너지체들을 투입해

감정장애나 정신분열을 일으킬 때는

우주의 엄격한 규칙속에서 진행됩니다.

하늘은 재미삼아

하늘은 인간을 괴롭히기 위해서

하늘의 일을 진행하지 않습니다.

오직 자신이 하늘에서 약속하고 온

인생 프로그램의 범위 내에서만 진행하고 있을 뿐입니다.

자신이 영혼의 진화 과정에서 지은 카르마는

오직 자신만이 풀 수 있습니다.

자신의 카르마를 해소하는 과정으로

자신의 카르마를 가장 빨리 해소하는 과정으로

본영의 동의하에 하늘의 관리자 그룹들에 의해

인간의 몸에 에너지체들의 투입이 결정되며

엄격하게 집행이 이루어지게 됩니다.

인간의 몸에 들어온 에너지체들에 의해
감정장애나 정신분열이 발생할 때를
척신난동이라고 합니다.
화산이 분출하듯
폭발물이 폭발하듯
자신의 감정을 이기지 못하고
올라오는 분노를 이기지 못하고
척신난동이 일어날 때를 급성기라고 합니다.

급성기까지 오는 과정에서 주변 가족들의 고통은
말로 표현할 수 없을 만큼 고통을 겪을 수밖에 없습니다.
급성기를 지나고 나면
폭풍우가 지나고 난 것처럼 안정기를 거치게 됩니다.
증상이 점차 줄어들게 됩니다.
증상이 줄어드는 과정에서도 지속적인 불안증상이 나타나게 됩니다.

척신난동이 일어날 때의 급성기의 강도를 100을 기준으로 하면
그 증상은 70 수준으로 줄어들면서 진행됩니다.
감정장애와 정신분열은 긍정적인 감정을 경험하는 시기가 있으며
부정적인 감정을 경험하는 시기가 있습니다.

감정장애나 정신분열증이 회복되는 과정에서
긍정적인 감정과 부정적인 양극단의 감정을 체험하면서
조울증 증상이 나타나게 됩니다.
이 과정들을 반드시 거치게 되어 있습니다.

인간이 느낄 수 있는 극단적인 감정을 경험하는 과정이
카르마가 해소되는 과정입니다.
인간이 구현할 수 있는 극단적인 감정과 의식을 경험하고 나면
영혼은 진화하게 됩니다.

시계의 추처럼
긍정적인 감정과 부정적인 감정들을 모두 경험하면서
그 강도는 점차로 약해지면서
증상들의 호전이 이루어지게 됩니다.
이 과정들에 에너지체들이 모두 관여하고 있으며
에너지체들의 철수가 이루어지게 됩니다.
하늘의 에너지체들에 의해 발생하는
일회성으로 끝나는 경우도 있으며
강도를 줄여가면서 반복되면서 진행되는 경우가 있습니다.

시계의 추처럼
긍정적인 감정과 부정적인 감정을 겪으면서
그 증상들이 서서히 감소하는 과정을 통해
에너지체들을 통한
감정장애나 정신분열은 치유되고 있습니다.
인간의 몸에 들어가 있는 천사들을 통해
긍정적인 감정들이 증폭되고
어둠의 역할을 하는 천사들을 통해
부정적인 감정이 증폭됩니다.

척신난동은 처음부터 끝까지 본영의 동의하에
하늘의 철저한 계획에 따라
하늘의 완전한 통제속에 일어나는
하늘이 진행하는 완전 범죄와도 같습니다.
인간의 의식의 눈높이로 이해할 수 없으며
인간의 과학기술이나 의료기술로도
설명하기 어려운 측면이 있습니다.

보이지 않는 세계에서
하늘의 의지에 의해
하늘의 에너지체들을 통해
척신난동을 통한
인간의 감정장애나 정신분열이 일어나고 있습니다.

인간의 의식의 눈높이에서 설명할 수 없기에
귀신 들린 사람으로
이상한 사람으로
미친 사람으로 표현되고 있습니다.

이 모든 현상 뒤에는
하늘의 일하는 방식에 의해
하늘의 에너지체들에 의해
하늘의 완전한 통제속에
하늘의 보이지 않는 손이 개입되어 있습니다.

감정장애와 정신분열로 고통받고 있는 인류에게
하늘의 에너지체들을 통한 척신난동을 경험한 적이 있는 인류에게
이 글을 전합니다.

이 우주에서 잘못되는 것은 아무것도 없습니다.
당신의 영혼의 물질 체험의 과정에서
당신에게 잘못되는 것은 아무것도 없습니다.
당신의 영혼은 진화하고 있으며
당신의 영혼은 이 우주에서 존중받고 있으며
당신의 영혼은 이 우주에서 사랑받고 있음을
기억하시기 바랍니다.

이 글을 읽고 있는 모든 이들에게
미안함과 고마움을 전합니다.

당뇨병이 발생하는
보이지 않는 세계의 기전

당뇨병은 대사질환이며 만성질환입니다.
대사질환이란 인간의 몸에 필요한 물질을
생산하고 전환하는 시스템(system)에
문제가 발생한 것을 의미합니다.
대사질환은 인체 내에 존재하는
무형과 유형의 시스템 오류에서 발생합니다.
대사질환은 인간의 영역이 아닌 신의 영역입니다.
대사질환은 공의 세계에서 발생하는 모순 때문에 발생합니다.

대사질환은 현대의 과학기술로는 접근할 수 없는 질병입니다.
대사질환은 인간의 몸을 구성하고 있는
기의 세계의 시스템과
공의 세계의 시스템에 문제가 발생한 것입니다.
인간의 과학기술로는 대사과정의 시스템의
오류를 수정할 수 없으며 개선할 수 없습니다.
현재의 인간의 과학기술을 가지고는
질병을 일으키는 대사 시스템을 바꿀 수가 없습니다.

당뇨는 만성적인 성인병입니다.
당뇨병은 인간이 창조주에 의해 조물될 때 설정된
공의 세계에서 오류가 발생하는 질환입니다.

당뇨병은 보이지 않는 세계에서
카르마와 연관된 경우가 많습니다.

당뇨병이 발병하는 보이지 않는 세계의 원리는 다음과 같습니다.
당뇨병은 소화 작용이 일어나는 과정에서 발생합니다.

첫번째 오류 : 위에서의 오류
섭취한 음식물은 위생혈(胃生血)의 작용이 일어납니다.
위에서 분비되는 소화액의 작용에 따라
위산과 효소의 작용에 따라
음식물은 소장에서 영양분을 흡수하기 좋게
전구물질로 만들어집니다.

당뇨병은 위액을 분비하는
위벽의 노화로 인해 발생합니다.
당뇨병은 위벽에서 위액을 분비하는
3가지 세포의 기능 이상으로 발생합니다.
당뇨병은 위에서 위생혈의 작용이
원활하게 일어나지 못해서 발생합니다.
위액은 위벽에 있는
부세포와 벽세포, 주세포에서 분비됩니다.

부세포에서는 점액이 분비됩니다.
벽세포에서는 염산이 분비됩니다.
주세포에서는 펩시노겐이 분비됩니다.

이 3가지 성분이 모여 위산이 되는데
대부분의 당뇨병은
벽세포에서 분비되는 염산의 성분 이상으로 발생합니다.
당뇨병 중 일부는 부세포에서 분비되는 점액의 이상으로
당뇨병이 발생합니다.

위벽의 벽세포에서 분비되는 염산의 성분에 이상이 생기면
위산이 골고루 퍼지지 못하고 뭉쳐있거나 응결됩니다.
음식물과 염산이 잘 섞이지 못하는 현상이 발생합니다.
음식물과 염산이 잘 섞이면
음식물이 분자 단위로 규칙적으로 잘게 쪼개질 수 있는
전구물질로 생성됩니다.
음식물과 염산이 잘 섞이지 못하면
소장에서 음식물을 분자 단위로 규칙적으로 쪼개주지 못해
영양분의 흡수가 원활하게 일어나지 못하게 됩니다.

당뇨병이 생기는 원인 중 일부는
소화 효소의 점액의 이상으로 발생합니다.
음식물이 소화 효소와 결합할 때도 문제가 발생합니다.
소화 효소의 점액에 이상이 생기면
전구물질의 생성에 불량이 생기게 됩니다.
인체는 포도당을 흡수할 때 정해진 규격이 있습니다.
예를 들면 정삼각형의 형태로 포도당이 흡수되어야 합니다.
십이지장에서 소화 효소의 이상으로 인해 만들어진 포도당은
정삼각형이 아닌 이등변 삼각형의 형태를 가지고 있습니다.

소장에서 불량으로 흡수한 포도당이
간에서 정상적으로 저장되지 못하고
혈액에 많이 쌓이게 되어 고혈당이 발생합니다.

이렇게 되면 음식물 500g을 섭취했다고 가정했을 때
정상적일 때는 포도당 생성이 50g이 되어 간에 저장이 됩니다.
비정상적인 작용이 일어날 때
간에 저장되는 최종 산물은 20g밖에는 되지 못하고
30g은 혈관속에 남아있게 됩니다.
이런 이유로 당뇨병 초기에
갑자기 살이 빠지고
혈당이 갑자기 높아지는 현상이 나타나게 됩니다.

당뇨병은 위에서 불량으로 생성된
당분의 전구물질의 이상으로 발생합니다.
당뇨병은 비정상적으로 일어나고 있는 대사과정을
뇌가 정상으로 인지하게 되면서 발생합니다.
뇌가 위에서 비정상적으로 일어나고 있는
위생혈의 오류를 걸러내지 못해
항상성을 위한 피드백이 작동되지 않아서
당뇨병이 발생합니다.

위에서 생성된 포도당의 전구물질이
십이지장과 소장을 통해 인체 내로 흡수가 이루어집니다.
흡수된 영양소들은 간문맥을 거치게 됩니다.

간문맥에 있는 무형의 기계장치와 센서에 의해
저장할 것은 몸에 저장을 하고
버릴 것은 몸에서 배출이 이루어집니다.

두번째 오류 : 간문맥에서의 대사작용 오류
당뇨병은 간문맥에 있는 무형의 기계장치의
이상 작동에 의해 발생합니다.
간은 신체의 대사작용에 중요한 장부입니다.
간에서는 탄수화물 대사와
단백질 대사가 이루어집니다.
간에서는 지방 대사와 호르몬 대사와
비타민과 각종 무기질 대사 등이 이루어지고 있습니다.

간은 소장에서 흡수된 포도당을 저장하고
혈액에 당분의 농도를 일정하게 유지하는 역할이 있습니다.
간문맥에서의 대사작용이 이루어지게 되면
위에서 불량으로 생성된 포도당의 전구물질을
간문맥에서 흡수하지 않고 배설이 이루어져야 하는데
배설이 이루어지지 않고 흡수가 이루어지게 됩니다.

간문맥의 대사작용의 이상으로
불량으로 생성된 포도당이 간에 저장되지 못하고
혈액 안으로 대거 흡수되게 됩니다.
그 결과 혈당이 높아지게 됩니다.

이 잘못된 대사과정을
뇌가 전혀 인지하지 못해
대사 시스템을 수정하지 못하게 됩니다.
이 결과 혈당을 내리지 못하고
당뇨병이 발생하며
당뇨병은 난치병과 불치병이 됩니다.

세번째 오류 : 간뇌에서의 오류
대사과정에서 문제가 있는데도 불구하고
문제가 없다고 간뇌가 인식하게 됩니다.
뇌라는 기관은 우리 몸에 일어나는 모든 상황들을
모니터링하고 인지하는 영역입니다.
따라서 인체 내에 어떤 일이 일어나고 있는지
한눈에 파악이 가능한 곳입니다.

음식을 섭취하면
위에서 1차 소화과정이 일어나고
그 결과물이 십이지장에서 소장으로 전달됩니다.
전달된 물질을 가지고 십이지장과 소장에서는
아미노산, 포도당, 지방산과 글리세롤로 변환하게 되고
이것을 신체의 에너지원으로 사용하게 됩니다.

이 과정에서
위에서 음식물은 죽처럼 만들어져
십이지장을 거쳐 소장으로 전달됩니다.

당뇨병은 위에서 만들어진 죽의 품질에 문제가 발생한 것입니다.

문제가 생긴 1차 물질을 가지고

에너지원으로 만들어야 하는 십이지장과 소장에서는

정상 규격에 맞는 물질만 흡수해야 하는데

비정상적으로 흡수한 등급이 떨어지는 포도당은

에너지원으로 공급되지 못하고

혈액 안을 떠돌게 되면서 당뇨병이 발생합니다.

비정상적인 상황을

뇌에서는 정상으로 인지하면서 당뇨병이 발생하게 됩니다.

당뇨병은 뇌가 비정상적인 대사작용을

정상적인 대사작용으로 인지하면서

항상성 작용이 일어나지 않아

인슐린을 공급하지 못하게 되면서 당뇨병이 발생하게 됩니다.

간뇌는 시상과 시상하부로 이루어져 있습니다.

시상(視床)은 몸 전체에서

후각 이외의 모든 감각을 전달하는 중계점입니다.

즉 외부로부터 들어오는 모든 신호 체계를 받아 모아서

대뇌 피질로 전달하는 역할이 있습니다.

시상하부(視床下部)는

자율 신경계나 내분비(호르몬)계의 조절 중추 역할을 하며

체온 조절이나 물질대사에 관여하는데

시상하부의 무형의 기계장치의 오류에 의해 당뇨병이 발생합니다.

당뇨병은 하늘이 인간의 몸에 설치한 모순입니다.
당뇨병은 하늘이 보이지 않는 세계에서
인간의 몸에 걸어 놓은 구조적인 모순입니다.
당뇨병은 하늘이 공의 세계에서 설치한
카르마 에너지장에 의해 발현됩니다.

당뇨병의 치유는
인간의 영역이 아닌 하늘의 영역입니다.
당뇨병의 치유는
인간의 몸에 설치한 카르마 에너지장을
해체할 수 있는 권한이 있는 인자만이
당뇨병을 온전하게 치유할 수 있습니다.

당뇨병에 감추어진 우주의 비밀을 전합니다.
당뇨병이 발생하는 보이지 않는 세계의 원리를
받아들이고 이해하는 인자들에 의해
당뇨병의 치유는 이루어질 예정입니다.

당뇨병이 발생하는 보이지 않는 세계의 원리에 대해
기록의 필요성과 정리의 필요성이 있어
하늘과의 소통속에
하늘과의 조율속에
이 글을 우데카 팀장이 기록으로 남깁니다.

제4부 빛의 몸과 미래의 인류

고차원의 우주의 빛을 받기 위해서
몸의 진동수는 높아져야 합니다.
마지막 때에 역할이 있는 빛의 일꾼들의
몸의 진동수가 높아지고 있습니다.
새 하늘과 새 땅에서 살아가기로 예정된
미래의 인류인 하늘 사람들이 빛의 몸이 되기 위해
몸의 진동수가 높아지고 있습니다.

빛의 몸이 된다는 것은

빛의 몸이 된다는 것은
세포의 진동수가 높아진다는 것을 의미합니다.
빛의 몸이 된다는 것은
조직의 진동수가 높아진다는 것을 의미합니다.
빛의 몸이 된다는 것은
기관들의 진동수가 높아진다는 것을 의미합니다.

빛의 몸이 된다는 것은
세포와 조직과 기관을 움직이는
색 기 공의 세계에 존재하는 무형의 기계장치들이
높은 진동수를 가진 빛에 반응한다는 것을 의미합니다.

빛의 몸이 된다는 것은
세포와 조직과 기관을 움직이는
색 기 공의 차원간 공간에 존재하는 무형의 기계장치들이
빛으로 가득 차 있다는 것을 의미합니다.

빛의 몸이 된다는 것은
영혼백 에너지들이 생명체의 몸에서
정기신의 작용으로 전환되어
오라 에너지가 밝게 빛나고 있음을 의미합니다.

빛의 몸이 된다는 것은
차크라 가동률이 최소 53%는 되어야 합니다.
빛의 몸이 된다는 것은
몸의 생명력이 증가된다는 것을 의미합니다.
빛의 몸이 된다는 것은
몸에서 영혼백 에너지들의 정렬이 이루어짐을 의미합니다.

빛의 몸이 된다는 것은
12 차크라에서 공급된 빛이
경락 시스템에 공급되어 순환될 때를 의미합니다.

빛의 몸이 된다는 것은
하늘의 선물인 빛 한줄기가 백회로 들어와
차크라 시스템이 가동될 때를 의미합니다.

빛의 몸이 된다는 것은
하늘과 연결된 7개의 생명선이 활성화된다는 것을 의미합니다.
빛의 몸이 된다는 것은
하늘과 연결된 7개의 양백줄이 활성화됨을 의미합니다.

빛의 몸이 된다는 것은
상위자아와의 합일이 이루어진다는 것을 의미합니다.
빛의 몸이 된다는 것은
본영의 차원이 높을수록 높은 진동수가 필요합니다.

빛의 몸이 된다는 것은
본영의 우주적 신분이 높을수록 높은 진동수가 필요합니다.

빛의 몸이 되어야 하는 이유는
신통력을 얻어 도술을 펼치는 것이 아닙니다.
빛의 몸이 되어야 하는 진짜 이유는
상위자아 합일과 본영과의 합일을 위해서입니다.

빛의 몸이 되어야 하는 이유는
도통을 얻고 깨달음을 얻기 위해서가 아닙니다.
빛의 몸이 되어야 하는 진짜 이유는
신인합일 또는 인신합일을 이루기 위해서입니다.

빛의 몸이 되어야 하는 이유는
병을 고치고 이적과 기적을 행하는데 있는 것이 아닙니다.
빛의 몸이 되어야 하는 진짜 이유는
하늘과 동행하는 삶을 살기 위해서입니다.

빛의 몸이 되어야 건강한 몸으로 살 수 있기 때문입니다.
빛의 몸이 되어야 의식을 확장할 수 있기 때문입니다.
빛의 몸이 되어야 영의식을 깨울 수 있기 때문입니다.

빛의 몸이 된다고 해서 투명인간이 되는 것이 아닙니다.
빛의 몸이 된다고 해서 도사나 대사가 되는 것이 아닙니다.
빛의 몸이 된다고 해서 이적과 기적을 행할 수 있는 것이 아닙니다.

빛의 몸은 인간의 의지로 될 수 있는 것이 아닙니다.
빛의 몸은 인간의 기도와 수행으로 이룰 수 있는 것이 아닙니다.
빛의 몸은 하늘의 한줄기 빛이 있어야 합니다.

빛의 몸이 되는 많은 단계들이 있습니다.
빛의 몸을 이루기 위해 차크라 가동률이 한 단계 높아질 때마다
빛의 몸을 이루기 위해 진동수가 한 단계 높아질 때마다
하늘의 한줄기 빛이 있어야 합니다.
하늘의 한줄기 빛은
창조주의 빛입니다.

빛의 몸이 된다는 것은
영의식이 혼의식을 리드하는 삶을 살 수 있음을 의미합니다.
빛의 몸이 된다는 것은
사람의 마음속에 하늘의 마음을 품고 있음을 의미합니다.
빛의 몸이 된다는 것은
사람의 마음속에 하늘의 마음을 꽃피울 수 있음을 의미합니다.

빛의 몸이 된다는 것은
하늘에 감사하는 마음이 발현될 수 있다는 것을 의미합니다.
빛의 몸이 된다는 것은
하늘에 순종하는 마음을 품고 있음을 의미합니다.
빛의 몸이 된다는 것은
하늘에 순수한 마음을 품고 있음을 의미합니다.

빛의 몸이 된다는 것은
마음 한 자락이 하늘을 향해 있음을 의미합니다.
빛의 몸이 된다는 것은
하늘의 마음을 가슴에 품고 살아간다는 것을 의미합니다.
빛의 몸이 된다는 것은
하늘의 마음과 내 마음이 함께하고 있음을 의미합니다.

인류의 건승을 빕니다.

빛의 몸이 되었을 때 나타나는 단계별 증상

인간의 몸에 최적화된 빛은
인간의 몸속에 있는 차크라 시스템을 통해 공급받는 빛입니다.

인간의 몸에 내장되어 있는 12 차크라 시스템을 통해 나오는 빛이
경락 시스템을 통하여 공급될 때 빛의 몸이 될 수 있습니다.
인간의 몸에 있는 12 차크라 시스템의 가동률에 따라
빛의 몸이 되는 단계가 결정됩니다.

갓 태어난 신생아의 차크라 가동률은 약 46%입니다.
건강한 어린 아이의 차크라 가동률이 23%입니다.
건강한 청소년의 차크라 가동률은 약 18%입니다.
건강한 성인의 차크라 가동률은 약 11%입니다.
건강한 노인의 차크라 가동률은 약 6%입니다.

갓 태어난 신생아의 몸이 자연 상태에서의 진정한 빛의 몸입니다.
이것을 노자 도덕경에서는 빛의 몸이 된 성인의 모습을
영아(嬰兒)라고 표현하였습니다.
자연 상태에서의 최고의 빛의 몸은 신생아입니다.

인간의 몸은 차크라 가동률에 의하여
생로병사의 주기가 결정이 됩니다.

인간은 빛의 몸으로 태어났다가
점차로 몸의 진동수가 떨어지면서 늙어 갑니다.

인간의 몸이 빛의 몸이 되기 위해서는
반드시 자연의 순리에 역행해야 합니다.
인간의 몸이 빛의 몸이 된다는 것은
몸의 진동수를 높인다는 것을 의미합니다.
인간의 몸의 진동수를 높이기 위해서는
차크라의 가동률을 높이는 것이 반드시 선행되어야 합니다.

빛의 몸이 된다는 것은
차크라 가동률이 최소 약 23%는 되어야 합니다.
차크라 가동률이 23%가 되면
세상이 아름답게 보이기 시작하며
세상이 긍정적으로 보이기 시작하며
하늘에 감사하는 마음이 나타나기 시작합니다.
차크라 가동률이 23%가 되면
몸에 생기가 나며 피로가 빨리 해소되며
삶의 기쁨과 활력이 넘쳐나게 됩니다.

빛의 몸이 된다는 것은
차크라 가동률이 약 28%는 되어야
머리가 맑아지며 아이디어와 창의력이 왕성하게 발현됩니다.
차크라 가동률이 약 28%는 되어야
회춘을 했다고 말할 수 있습니다.

빛의 몸이 된다는 것은

차크라 가동률이 약 32%는 되어야 영적 능력을 발현할 수 있습니다.

차크라 가동률이 약 32%는 되어야

영적 능력을 발현할 수 있는 색 기 공의 세계에 있는

무형의 기계장치들을 가동할 수 있는 빛의 임계점을 넘을 수 있습니다.

자연 상태에서 차크라가 열려

환희와 기쁨의 상태가 일주일 정도 지속될 때

이때의 차크라 가동률이 여기에 해당됩니다.

빛이 몸이 된다는 것은

차크라 가동률이 약 42%는 되어야

몸에 있는 통증들이 사라지게 됩니다.

차크라 가동률이 약 42%는 되어야

매사에 두려움이 사라지고

설레임과 감사함으로 세상을 살 수 있습니다.

빛의 몸이 된다는 것은

차크라 가동률이 약 46% 이상은 되어야

질병으로부터 해방될 수 있습니다.

차크라 가동률이 약 46% 이상은 되어야

설레임이 용기로 바뀌며

용기는 두려움을 사라지게 하며

인간의 몸은 비로소 면역력이 안정화되어

괴질이나 바이러스로부터 생명을 지킬 수 있습니다.

빛의 몸이 된다는 것은

차크라 가동률이 약 53% 이상은 되어야

영적인 능력을 충분히 발현할 수 있습니다.

차크라 가동률이 약 53% 이상은 되어야

상위자아 합일이 가능하며 인신합일 또는 신인합일이 가능하게 됩니다.

차크라 가동률이 약 53% 이상은 되어야

본영과의 합일을 이룰 수 있습니다.

차크라 가동률이 약 53% 이상은 되어야

우주의 차원의 문과 차원의 벽을 극복하고

우주의 정보를 땅에 전할 수 있습니다.

빛의 몸이 된다는 것은

차크라 가동률이 약 76%가 된다는 것을 의미합니다.

차크라 가동률 76%는

인간의 몸이 견딜 수 있는 최고의 한계치입니다.

인간이 누릴 수 있는 최고의 행복감을 느낄 수 있으며

인간의 언어로는 표현할 수 없을 만큼의 희열을 느낄 수 있습니다.

차크라 가동률이 76%가 될 때

인간의 영적 능력 또한 최대치를 발현할 수 있습니다.

빛의 몸이 된다는 것은

차크라 가동률이 약 84%가 된다는 것을 의미합니다.

차크라 가동률 84%는 물질계를 졸업한 아보날 그룹들과

태극과 무극에서 육화한 우주적 신분이 높은 그룹들 중

일부만이 가능합니다.

차크라 가동률이 84%가 되면
인간의 몸을 입고 느낄 수 있는
최고 수준의 기쁨과 희열을 느끼게 됩니다.
차크라 가동률이 84%가 되면
인간의 몸을 입고 구현할 수 있는
최고 수준의 이적과 기적을 펼칠 수 있으며
초인의 경지에 이르게 됩니다.

빛의 몸이 된다는 것은
인간의 의지로 되는 것이 아닙니다.
빛의 몸이 된다는 것은
인간의 기도와 수행으로 되는 것이 아닙니다.
빛의 몸이 된다는 것은
매 단계마다 하늘의 빛 한줄기가 있어야 하며
그 빛 한줄기는 창조주의 빛입니다.

빛의 몸이 된다는 것은
하늘의 좁은 문을 통과한
하늘 사람만이 누릴 수 있는 특권이며
하늘의 축복이며 하늘의 선물입니다.

빛의 몸에 대한
정리의 필요성이 있어 기록의 필요성이 있어
우데카 팀장이 이 글을 남깁니다.

몸의 진동수가 높아져야 하는 이유

몸의 진동수를 높이는 작업은
에너지체인 천사들에 의해 이루어집니다.
하늘이 인간의 몸의 진동수를 높이는 작업을 하는 이유는
다음과 같습니다.

첫번째
상위자아 합일을 이루기 위해서입니다.
상위자아 합일은 신인합일 또는 인신합일이라고 합니다.
상위자아 합일을 통해 인간의 의식을 깨우기 위해서입니다.
지구 행성의 차원상승 과정에서
육신의 옷을 벗고 지구 행성을 떠날 사람들은
몸의 진동수를 높이는 과정이 이루어지지 않습니다.
지구 행성의 차원상승 과정에서
괴질과 바이러스 난 때에 죽음을 맞이하는 사람에게는
몸의 진동수를 높이는 과정이 일어나지 않습니다.

두번째
본영과의 합일을 준비하기 위한 절차입니다.
본영은 고차원에 존재합니다.
인류의 의식의 눈높이에서 보면 본영이
인간의 몸에 들어와서 합일이 되는 간단한 일처럼 보일 것입니다.

고차원의 본영의 영 에너지가

진동수를 높이는 사전작업 없이 인간의 몸에 들어온다면

인간의 몸은 고차원에 있는 영의 강력한 파장에

몇 분을 견디지 못하고 죽음을 맞이하게 될 것입니다.

몸의 진동수를 높이는 작업은

본영이 인간의 몸에 들어와 활동하는데

지장이 없도록 하기 위해서입니다.

세번째

상위자아와 합일이 이루어지고

본영과의 합일이 이루어진다는 것은

우주의 차원의 문과 차원의 벽을 넘어

고차원의 정보 네트워크에 접속한다는 것을 의미합니다.

하늘에 있는 고차원의 우주공학 시스템과

인간의 몸에 있는 무형의 시스템들 사이에

네트워크가 설치되어야 합니다.

하늘의 정보 네트워크와 같은 무형의 기계장치들을

인간의 몸에 설치하기 위해서

인간의 몸의 진동수를 우주의 접속되는 차원만큼 높여야 합니다.

고차원의 빛에 인간의 몸이 적응할 수 있도록

몸의 진동수를 높이는 과정이 진행됩니다.

네번째

우주의 정보 네트워크 시스템과

인간의 몸에 우주의 정보를 수신할 수 있는 시스템을
설치하는 작업을 위해서 몸의 진동수는 높아져야 합니다.

우주의 정보를 해석하고 정보를 구현할 수 있도록
인간의 몸에 설치하는 무형의 기계장치들과
우주의 정보 네트워크 시스템 사이에
서로 파장을 맞추는 과정들이
보이지 않는 세계에서 이루어집니다.
이것이 진동수를 높인다는 것이 갖는 의미입니다.

다섯번째
본영은 고차원의 영 에너지입니다.
고차원의 영 에너지가
인간의 몸에 들어와 원활하게 작용하기 위해서
진동수를 높이는 작업이 이루어집니다.
인간의 몸에 있는 세포와 조직들과 장부들이
고차원의 본영의 에너지에 적응하기 위해
먼저 세포와 조직에 영향을 주고 있는 무형의 기계장치들이
높은 진동수를 가진 본영의 진동수와의
조율이 이루어져야 합니다.
이것이 몸의 진동수를 높이는 진짜 이유입니다.

여섯번째
의식을 깨우기 위해서는
의식이 깨어나기 위해서는

높은 의식을 구현하기 위해서는
몸의 진동수가 높아져야 합니다.

지구 행성의 차원상승 과정에서
역할이 있는 하늘 사람들과
역할이 있는 빛의 일꾼들의 의식을 깨우기 위해
몸의 진동수를 높이는 과정이
하늘의 천사들에 의해 진행됩니다.

일곱번째
괴질과 바이러스 난 때에 생존하기 위해서는
바이러스보다 높은 진동수를 가지고 있어야 합니다.
의식을 가진 바이러스는
자신보다 높은 진동수를 가진 사람에게는 반응하지 않습니다.
바이러스보다 높은 진동수를 가진 사람은
바이러스에 면역력이 생겨 생존이 가능하게 됩니다.

여덟번째
지축 이동 과정에서 살사람들을 위해
하늘에 의해 준비된 안전지대인
역장에 출입할 수 있도록 하기 위해
몸의 진동수를 높이는 작업이 이루어집니다.

안전지대인 역장은 다른 곳보다 에너지가 강한 곳입니다.
이곳의 높은 에너지를 견디기 위해서는

몸의 진동수를 높이는 과정이
하늘에 의해 진행이 되어야 합니다.
몸의 진동수가 높아지지 않은 사람은
안전지대인 역장 안에 들어올 수 없습니다.
안전지대인 역장 안에 있다고 할지라도
반드시 죽음을 맞이하게 될 것입니다.

물질문명의 종결을 앞두고
지축의 정립을 앞두고
지구 행성의 격변을 앞두고
살아남아 새 하늘과 새 땅에서 살아갈 사람들에게는
아무도 모르게 아무도 모르게
몸의 진동수를 높이는 과정들이
하늘의 에너지체인 천사들에 의해
아무도 모르게 아무도 모르게 진행되고 있음을
우데카 팀장이 전합니다.

인명은 재천이라
지축의 정립 후
새 하늘과 새 땅에서 살아갈 사람들에게
아무도 모르게 아무도 모르게
하늘이 일하는 방식에 의해
몸의 진동수를 높이는 작업이 진행되고 있음을
우데카 팀장이 전합니다.

몸의 진동수가 높아지는 원리

인간의 몸은 신성한 영혼이 거하는 성전입니다.
인간의 몸에 머물고 있는
영혼의 밝기와 밀도 등은 각자 다릅니다.
인간의 몸에 높은 차원의 본영이 그대로 들어온다면
인간의 몸은 본영이 가진 높은 진동수를 견디지 못하고
얼마 안가서 죽게 될 것입니다.
인간의 몸에는 본영의 에너지 중 일부만이 들어와서
영혼의 물질 체험을 하고 있습니다.

빛의 일꾼의 예를 들면 다음과 같습니다.
빛의 일꾼의 본영이 14차원에 있다고 하면
14차원에 있는 본영의 에너지는
진동수를 여섯 단계로 다운하여 내려보냅니다.
한 차례를 다운하여
13차원으로 최종 상위자아를 내려보냅니다.
한 차례를 더 다운하여
11차원으로 4차 상위자아를 내려보냅니다.
한 차례를 더 다운하여
9차원으로 3차 상위자아를 내려보냅니다.
한 차례를 더 다운하여
7차원으로 2차 상위자아를 내려보냅니다.

마지막으로
5차원으로 1차 상위자아를 내려보냅니다.

5차원으로 다운된 본영의 에너지를 통해
4차원에 살고 있는 인간의 몸으로 영혼이 들어와
물질 체험을 하고 있는 것입니다.

몸의 진동수를 높이는 이유는
자신의 상위자아와의 합일을 위해서입니다.
몸의 진동수를 높이는 이유는
내 상위자아가 접속해 있는
우주의 정보 네트워크에 접속하기 위해서입니다.
몸의 진동수를 높이는 이유는
내 상위자아와의 합일을 통해
차원의 문을 열기 위해서입니다.
몸의 진동수를 높이는 이유는
내 상위자아와의 합일을 통해
차원의 벽을 허물기 위해서입니다.

몸의 진동수를 높이는 과정은
본영과의 합일을 위해 반드시 준비되어야 합니다.
인간의 몸은 4차원에 있기 때문에
인간의 몸에 설치되어 있는
경락 시스템과 무형의 기계장치들은
4차원의 파장으로 운영되고 있습니다.

인간의 몸에 진동수를 높이는 과정은
높은 차원의 영 에너지와
높은 차원의 본영의 에너지가
내 몸에 들어왔을 때를 대비하여
승압공사를 하는 것과 같습니다.
4차원에 해당되는 영혼의 파장에 적합한 우리 몸의 시스템에
5차원의 상위자아의 영이 들어오면
진동수의 차이로 인하여
영혼이 힘을 발휘할 수 없게 됩니다.

인간의 의식 수준에서
깨달음의 상징이라고 알려져 있는
인신합일과 신인합일을 이루기 위해서는
몸의 진동수를 올리는 과정이
보이지 않는 세계에서
하늘에 의해 이루어져야 합니다.

인명은 재천이라
사람의 목숨이 하늘에 달려있듯
신인합일과 인신합일을 하는 것도
나의 의지가 아닌
내 수행과 기도가 아닌
하늘의 의지에 달려있다는 것입니다.
이것이 인류의 의식 수준에서
진동수에 담겨 있는 불편한 진실입니다.

몸에 진동수를 높이는 과정은 3단계로 이루어집니다.

첫번째 단계

높은 진동수를 가진 고차원의 영이 들어와 안착할 수 있는
공간을 만드는 과정이 있습니다.
영이 들어와 안착할 수 있는 차원간 공간을 만들 때
심장에 통증을 느끼게 됩니다.
이 과정이 급격하게 이루어질 때는 의식을 잃기도 합니다.

두번째 단계

영이 들어올 공간이 만들어지고 나면
인간의 몸에 들어올 영 에너지의 차원의 진동수에 맞게
생명회로도를 비롯한 공의 세계를 지원하는 무형의 기계장치들의
진동수를 높이는 과정이 이루어집니다.
이 과정은 난이도가 매우 높은 과정입니다.
이때 생체 기능들을 최소치로 셋팅하고 작업이 이루어집니다.
이로 인하여 우울감을 느끼거나 피로를 쉽게 느끼고
의욕이 감소되고 몸살이 난 것처럼 몸이 무겁게 느껴집니다.
이 과정이 짧을수록
인간의 몸이 견디기 힘든 고통의 과정이 시작됩니다.

세번째 단계

공의 세계를 지원하는 무형의 기계장치의 파장이 높아지고 나면
기의 세계와 색의 세계를 지원하는 무형의 기계장치들 또한
파장을 높이는 승압공사가 이루어집니다.

이 과정은 시간이 오래 걸리는 과정이며
매우 지루한 과정입니다.
짧게는 한 달
길게는 6개월 이상이 걸리기도 합니다.
이 과정이 길면 길수록 몸은 무거워지고
전신이 아프고 의욕이 감소됩니다.
이 과정을 단축하면 할수록
몸의 고통은 비례하여 증가됩니다.

지구 차원상승 과정에서
육신의 옷을 벗고 죽음을 맞이하는 사람들에게는
몸의 진동수를 높이는 과정이 일어나지 않습니다.
몸의 진동수를 올리는 과정은
오랫동안 원인 모를 육체의 고통을 수반합니다.
감기 증상과 유사한 증상들이
한 달이나 그 이상 지속이 되기도 합니다.
심지어 세상에 태어나서 이렇게 아파본 것은 처음이라고 할 만큼
죽을 만큼 아프기도 합니다.

몸의 진동수를 올리는 과정은
내가 기도를 하지 않아도
내가 수행을 하지 않아도
내가 명상을 하지 않아도
하늘에 의해 진행이 됩니다.

몸의 진동수를 올리는 과정은
내가 아무것도 하지 않아도
참 한심하게 살고 있어도
평범하게 살고 있어도
의식이 깨어나지 않아도
하늘에 의해 진행이 되고 있음을 전합니다.

새 하늘과 새 땅에서 살아갈 하늘 사람들을 위해
하늘에서 약속이 이루어진 하늘 사람에게만
몸의 진동수를 높이는 과정이
아무도 모르게
아무도 모르게
진행되고 있음을 전합니다.

몸의 진동수를 높이는 과정은
새 하늘과 새 땅에서 살아갈
하늘 사람들과 빛의 일꾼들에게
하늘이 준비한 선물입니다.

하늘 사람들의 건승을 빕니다.
빛의 일꾼들의 건승을 빕니다.

진동수와 생명회로도

세상 만물들은
창조주의 빛(의식)으로 탄생되었습니다.
창조주의 빛으로 탄생한 생명체들은
자신의 고유한 진동수를 가지고 있습니다.
생명체들은 진동을 통해 생명력을 발산하고 있습니다.

진동수가 높다는 것은
세포가 고진동을 한다는 것입니다.
진동수가 높다는 것은
세포의 생명력이 증가함을 의미합니다.
진동수가 높다는 것은
세포의 기능이 활성화됨을 의미합니다.
진동수가 높다는 것은
세포에 빛이 가득 차 있다는 것을 의미합니다.

진동수가 높아질수록
생명체의 의식이 높아집니다.
진동수가 높아질수록
생명체의 순환력은 빨라집니다.
진동수가 높아질수록
생명체의 대사작용이 높아집니다.

진동수가 높아질수록
생명체에서 빛의 효율이 좋아집니다.
진동수가 높아질수록
생명체의 진화가 빨라집니다.

지구 행성의 차원상승이 이루어진다는 것은
지구 행성에 유입되는 빛의 진동수가
높아진다는 것을 의미합니다.
지구 행성에 유입되는 빛의 진동수가 높아지면
지구 행성에 살고 있는 생명체들의 진동수 역시
일정 정도 높아지게 됩니다.

지구 행성의 차원상승은
행성에 유입되는 빛의 진동수의 상승으로 시작됩니다.
지구 행성에 진동수가 높아진 빛이 유입되면
행성에 살고 있는 생명체들의 진동수가 높아집니다.
지구 행성의 차원상승은
지구 행성에 살고 있는 생명체들 입장에서 보면
의식이 상승하는 것이며
의식의 상승은 생명의 진화를 의미합니다.

지구 행성의 차원상승은
행성에 살고 있는
인간의 의식의 성장을 의미합니다.

인간의 의식의 상승은
인간의 세포 단위에서 일어납니다.
인간의 몸을 구성하는 세포 하나하나가
높아진 진동수를 가진 빛에 반응하고
적응한다는 것을 의미합니다.

지구 행성이 차원상승이 된다는 것은
지구 행성에 유입되는 빛의 진동수의 변화를 의미합니다.
높아진 빛의 진동수에 적응할 수 있는 생명체들은
지구 행성에서 진화를 하며 생명의 순환 주기를 이어갈 것입니다.
높아진 빛의 진동수에 적응할 수 없는 생명체들은
지구 행성을 떠나게 될 것이며
빈자리를 다른 생명체들이 채우게 될 예정입니다.

지구 행성의 차원상승 후
지구 행성의 진동수는 높아질 것입니다.
지구 행성의 차원상승 과정에서
지구 행성의 가이아 의식이
17차원에서 18차원으로 전환을 마치고
18차원의 에너지가
지구 행성에 공급될 예정입니다.
지구 행성의 외부로부터 들어오는
빛의 진동수가 높아지고
지구 행성의 내부로부터 공급되는
가이아 의식의 전환이 이루어질 예정입니다.

보이지 않는 세계에서
보이지 않는 손들에 의해
하늘의 에너지체들에 의해 진행되고 있습니다.
보이지 않는 세계에서의 전환 작업이 끝나고
물질의 세계에 그 결과들이 나타날 때
지구 행성의 물리적 환경은 급변할 것입니다.
지구 행성에 살고 있는 생명체들의 70%는
지구 행성을 떠나 진동수가 맞는
다른 행성으로 입식될 예정입니다.

지구 행성의 차원상승은
지구 행성의 진화를 의미합니다.
지구 행성의 차원상승 후
진동수가 높아진 지구 행성에서 살아갈 생명체들은
지구 행성과 공동 운명체이며 공동으로 진화를 하는 것입니다.

생명체들의 고유한 진동수는
지구 차원상승이 된다고 저절로 높아지지 않습니다.
생명체들의 고유한 진동수의 범위는
생명체의 생명회로도에 셋팅되어 있습니다.
지구 행성의 차원상승 후
지구 행성에서 살아갈 생명체들은
높아진 진동수를 수용할 수 있거나
생명회로도의 업그레이드가 있어야
지구 행성에서 살아갈 수 있습니다.

지구 행성의 차원상승 과정에서
지구 행성에서 살아갈 사람들에게는
생명회로도의 업그레이드가
하늘에 의해 예정되어 있으며
그렇게 될 것입니다.

인명은 재천입니다.
보이지 않는 하늘에 의해
살사람과 죽을 사람들은 정해집니다.
하늘은 살사람은 반드시 살게 할 것이며
하늘은 죽을 사람은 반드시 죽게 할 것입니다.
삶과 죽음의 경계에
진동수가 있으며
생명회로도가 있습니다.

인류의 건승을 빕니다.

진동수와 인간의 장부

인간의 몸에서 진동수가 가장 높은 장부는 심장(心臟)입니다.

심장이 진동수가 제일 높은 이유는
심장에는 창조주의 의식인 영이 거하는 곳이기 때문입니다.

심장과 영은 연결되어 있습니다.
심장에는 하늘의 마음이 담겨져 있습니다.
심장은 심포와 함께 영 에너지를 발산하는 곳입니다.
심장은 심포와 함께 영의식을 발산하는 곳이기에
인간의 몸에서 제일 진동수가 높습니다.

우리 몸에서 심장 다음으로 진동수가 높은 장부는
심장을 싸고 있는 얇은 막인 심포(心包)입니다.
심포에는 인간의 마음을 발생시키는
무형의 장치가 연결되어 있습니다.

우리 몸에서 심포 다음으로 진동수가 높은 장기는 신장(腎臟)입니다.
신장을 콩팥이라고도 합니다.
신장의 진동수가 높은 이유는
정신작용이 일어나는 장부이기 때문입니다.
신장에서 정신력이 나오고

의지와 지구력이라는 에너지가 나오는 장부이기 때문입니다.
신장의 진동수가 높은 이유는 심신상교(心腎相交)라 하여
심장과 신장은 서로 에너지를 주고받고 있기 때문입니다.

심장과 심포와 신장은
우리 몸에서 진동수가 제일 높은 상층부에 속합니다.

인간의 몸을 상 중 하로 구분하여 진동수의 차이를 설명할 때
중간층위를 차지하는 장부는 간(肝)입니다.
간은 혼이 머무는 장부입니다.
간은 혼 에너지를 발산하는 장부입니다.
간은 인간의 욕망을 발산하고 있는 장부입니다.
간은 인간의 감정에 관여하고 있는 장부입니다.

인간의 몸을 상 중 하로 구분하여 진동수의 차이를 설명할 때
진동수가 가장 낮은 장부는 비장(脾臟)과 폐(肺)입니다.
음식물의 소화에 관여하는 비장의 진동수가 폐보다 높습니다.
폐는 외부 공기가 출입하는 곳이기 때문에
오장 중에서 진동수가 가장 낮습니다.
인간의 몸에서 진동수가 제일 낮은 폐에
백 에너지가 연결되어 있습니다.

심장에는 진동수가 제일 높은 영이 머물고 있으며
간에는 진동수가 그 다음으로 높은 혼이 머물고 있으며
폐에는 진동수가 가장 낮은 백이 머물고 있습니다.

인간의 몸에서 5장은 6부보다 진동수가 더 높습니다.
5장 중에 진동수가 가장 낮은 폐가
6부 중에 진동수가 제일 높은 소장보다 더 높습니다.

6부 중에 진동수가 높은 순서는 다음과 같습니다.
소장(小腸)의 진동수가 제일 높고
그 다음은 삼초(三焦)와 방광(膀胱)이며
그 뒤를 담(膽)과 위(胃)가 차지하고
대장(大腸)의 진동수가 제일 낮습니다.

인간의 몸 안에서 6장 6부는 표리관계와
장부상통의 공변관계로 서로 연결되어 있습니다.

인간의 몸에서 6장 6부의 진동수는 표리관계로 연결되어 있습니다.

인간의 몸은 소우주라 하였습니다.
인간의 몸은 차원의 문을 여는 열쇠입니다.
인간의 몸은 다차원으로 구성되어 있습니다.
인간의 몸은 수많은 차원간 공간으로 구성되어 있습니다.

기록의 필요성이 있어
정리의 필요성이 있어
우데카 팀장이 이 글을 기록으로 남깁니다.

진동수와 건강

위장이 약하다는 것은
위장이 약하게 조물되었다는 것을 의미합니다.

위장이 약하다는 것은
위장이 봉인이나 카르마 에너지장에 의해
위장의 기능이 떨어져 있다는 것을 의미합니다.

위장이 약하다는 것은
족양명 위경의 진동수가 떨어져
위장으로 빛의 공급이 약해져 있다는 것을 의미합니다.

위장이 약하다는 것은
위장의 진동수가 떨어져 있다는 것을 의미합니다.

위장이 약하다는 것은
위장이라는 장기가 구현하고 있는 의식인
타인에 대한 수용력과 포용력이 약해져 있다는 것을 의미합니다.

위장이 약하다는 것은
위장이라는 장기가 발현하고 있는
정신작용이 약하다는 것을 의미합니다.

위장이 약하다는 것은
위장과 서로 연결되어 있던 다른 장부들의 진동수도
일정부분 떨어져 있다는 것을 의미합니다.

건강한 사람의 위장과 위장이 약한 사람의 진동수는 다릅니다.
건강한 사람의 위장과
위장에 암과 같은 중병이 있는 사람의 위장의 진동수는 다릅니다.

위장이 약하다는 것은
위장이 음식물을 수용하여 소화시킬 수 있는 진동수의 범위가
작아져 있다는 것을 의미합니다.

장부마다 수용할 수 있는 고유한 진동수의 범위가 있습니다.
장부마다 출력을 낼 수 있는 고유한 진동수의 범위가 있습니다.

몸이 건강하다는 것은 몸의 진동수가
정상적인 범위 내에 있다는 것을 의미합니다.

몸이 건강하다는 것은 몸 안에 있는 장부들이
정상적인 진동수의 범위 내에서 활동하고 있다는 것을 의미합니다.

건강한 육체에 건강한 정신이 깃든다는 말은
몸 안에 있는 장부들이 담당하고 있는 정신작용이
정상적인 범위 내에서 이루어지고 있다는 것을 의미합니다.

몸이 건강하다는 것은
몸 안에 있는 경락 시스템들이
정상적인 진동수의 범위 내에서 가동되고 있다는 것을 의미합니다.

몸이 건강하다는 것은
몸 안에서 이루어지고 있는 빛의 발산과 수렴이
차크라 오행의 법칙에 따라 운영되고 있음을 의미합니다.

몸이 건강하지 않다는 것은
심장의 진동수가 떨어져
혈액순환이 잘 되지 않는다는 것을 의미합니다.

몸이 건강하지 않다는 것은
폐의 진동수가 떨어져
경락의 순환이 잘 되지 않는다는 것을 의미합니다.

몸이 건강하지 않다는 것은
몸 안의 장부의 진동수가 떨어져 있다는 것을 의미합니다.

몸이 건강하지 않다는 것은
몸 안의 경락 시스템의 진동수가 떨어져 있다는 것을 의미합니다.

몸이 건강하지 않다는 것은
차크라 가동률이 정상보다 떨어져 있다는 것을 의미합니다.

몸이 건강하지 않다는 것은
특정 장부의 진동수가
지나치게 떨어져 있다는 것을 의미합니다.

몸이 건강하지 않다는 것은
특정 부위에 진동수를 떨어뜨리고 있는
하늘의 특수한 에너지장이 가동되고 있음을 의미합니다.

몸이 건강하지 않다는 것은
장부들 간의 진동수의 균형이 깨져 있다는 것을 의미합니다.

몸이 건강하지 않다는 것은
장부들 간의 진동수가 맞지 않아 충돌하고 있다는 것을 의미합니다.

몸이 건강하지 않다는 것은
신체 내에서 빛의 발산과 수렴이
차크라 오행의 법칙을 벗어나 작용하고 있다는 것을 의미합니다.

몸이 건강하지 않다는 것은
진동수가 떨어진 장부들이
떨어진 진동수를 회복하지 못하고 있다는 것을 의미합니다.

몸의 진동수가 떨어져 있다는 것은
몸 안에 빛이 부족하다는 것을 의미합니다.

몸이 건강하지 않다는 것은
사람 몸에 있는 장부들에 빛이 부족하다는 것을 의미합니다.

몸이 건강하지 않다는 것은
사람 몸에 있는 장부들에 혈액과 산소의 공급이
부족하다는 것을 의미합니다.

몸이 건강하지 않다는 것은
사람 몸의 조직들에 빛이 부족하다는 것을 의미합니다.

몸이 건강하지 않다는 것은
사람 몸의 세포에 빛이 부족하다는 것을 의미합니다.

기록의 필요성이 있어
정리의 필요성이 있어
우데카 팀장이 이 글을 기록으로 남깁니다.

진동수와 음식

물질은 물질마다 고유의 진동수를 가지고 있습니다.
음식마다 진동수가 서로 다릅니다.
음식마다 인간의 몸에서 소화율과 흡수율이 다릅니다.

진동수가 높은 음식물일수록 소화가 잘됩니다.
진동수가 높은 음식물일수록 흡수율이 좋습니다.

진동수가 높은 음식물일수록 빛을 많이 포함하고 있습니다.
초식동물들이 먹는 살아있는 풀이 건초보다 진동수가 높습니다.
초식동물들이 살아있는 풀만 먹고도 건강하게 살아갈 수 있는 이유가
생명력이 살아있는 높은 진동수를 가진 빛을
풀에서 직접 공급받기 때문입니다.

자연적으로 생산된 천일염은 진동수가 매우 높아
밝은 보라색의 빛을 발산하고 있습니다.
인공적으로 제조한 정제염은 진동수가 매우 낮아
탁하고 어두운 보라색의 빛을 발산하고 있습니다.

진동수가 낮은 음식물일수록 소화가 잘되지 않습니다.
진동수가 낮은 음식물일수록 흡수율이 좋지 않습니다.

쌀의 품종이 다르면 진동수가 다릅니다.
쌀의 품종이 다르면 진동수가 다르고 형성된 기가 다릅니다.
쌀의 품종이 다르면 진동수가 다르고 맛과 향이 다릅니다.
쌀의 품종이 다르면 진동수가 다르고
음식물에 영양소의 구성성분이 달라집니다.

쌀은 육류보다 진동수가 높습니다.
진동수가 상대적으로 높은 쌀이
인간의 정신활동의 에너지원으로 더 많이 사용됩니다.
진동수가 상대적으로 낮은 육류가
인간의 육체활동의 에너지원으로 더 많이 사용됩니다.

음식물은 인체 내에서 소화작용을 거친 후
진동수가 낮은 분자 형태의 영양소들은
혈액순환을 통하여 세포와 조직과 기관에 영양분을 공급하게 됩니다.

음식물은 인체 내에서 소화작용을 거친 후
진동수가 상대적으로 높은 기 형태의 입자들은
경락 시스템을 통하여 세포와 조직과 기관에 빛을 공급하게 됩니다.

음식물은 인체 내에서 소화 작용을 거치면
혈액 순환과 경락 순환을 통해 영양소와 빛의 형태로
세포와 조직과 기관에 공급됩니다.

인간의 몸에서 진동수가 제일 높은 장부는 심장입니다.

진동수가 제일 높은 음식은
소음(少陰) 경락을 통해 심장과 신장으로 보내져
인간의 정신활동에 영향을 줍니다.

생명체마다 음식물의 소화율이 다릅니다.
생명체마다 음식물의 소화율이 다른 이유는
생명체마다 소화기관이 서로 다르게 조물되어 있기 때문입니다.

생명체마다 음식물의 흡수율이 다릅니다.
생명체마다 음식물의 흡수율이 서로 다른 이유는
생명체마다 소화기관이 서로 다른 진동수로 되어 있기 때문입니다.

같은 음식인 상추를 먹어도
가축마다 사람마다 상추의 소화율과 흡수율이 서로 다릅니다.

같은 품종의 옥수수를 먹어도
사람마다 가축마다 옥수수의 소화율과 흡수율은 서로 다릅니다.

옥수수의 품종마다 진동수가 서로 다릅니다.
옥수수의 품종마다 진동수가 서로 다르기에
옥수수의 품종마다 인체 내에서 소화율과 흡수율이 다릅니다.

옥수수의 품종마다 진동수가 서로 다르기에
옥수수의 품종마다 분자의 결합 정도가 다릅니다.

옥수수의 품종마다 진동수가 서로 다르기에
옥수수의 품종마다 영양소의 구성요소가 다릅니다.

곡식마다 진동수가 서로 다릅니다.
육류마다 진동수가 서로 다릅니다.
과일마다 진동수가 서로 다릅니다.
채소마다 진동수가 서로 다릅니다.

음식물이 소화과정을 거치면
진동수가 상대적으로 낮은 입자들은
분자 형태의 영양소의 형태로 몸 안으로 흡수가 이루어집니다.

음식물이 소화과정을 거치면
진동수가 상대적으로 높은 입자들은
눈에 보이지 않는 기의 형태로 분류되어
경락을 통해 장부로 공급됩니다.

음식물이 소화과정을 거치는 과정에서
진동수의 차이에 따라 입자들이 자동으로 분류되어
12경락으로 운반되는데 이것을 동양의학에서는
비장의 운화(運化)기능이라고 하였습니다.

음식물이 소화가 되면 비장의 운화기능을 통해
음식물의 진동수의 차이에 따라
같은 진동수를 가진 장부로 기(빛)를 공급하고 있습니다.

모든 음식물은 생명체의 소화기관의 소화작용을 거치면
같은 진동수를 가진 입자들은 같은 진동수를 가진 장부로
경락 시스템을 통해 운송되어
생명활동의 에너지원으로 사용됩니다.

모든 음식물은 생명체의 소화기관의 소화작용을 거치면
12경락으로 자동으로 분류되어집니다.
이것을 동양의학에서는 기미론(氣味論)이라 합니다.

모든 음식물은 인간의 소화기관의 소화작용을 거치고 나면
12경락으로 자동으로 분류되어
12경락 시스템을 통하여
12장부로 귀경하게 됩니다.
이것을 동양의학에서는 귀경론(歸經論)이라 합니다.

기록의 필요성이 있어
정리의 필요성이 있어
우데카 팀장이 이 글을 기록으로 남깁니다.

진동수와 몸의 통증과 경락

몸이 아프다는 것은
몸의 진동수가 떨어져 있다는 것을 의미합니다.

몸이 아프다는 것은
장부의 진동수가 떨어져 있다는 것을 의미합니다.

몸이 아프다는 것은
경락의 진동수가 떨어져 있다는 것을 의미합니다.

몸이 아프다는 것은
경락 속을 흐르는 빛의 입자들의
진동수가 떨어져 있다는 것을 의미합니다.

몸이 아프다는 것은
혈액의 순환이 잘 안 된다는 것을 의미합니다.
혈액 순환이 잘 안 된다는 것은
심장의 진동수가 떨어져 있다는 것을 의미합니다.

혈액 순환이 잘 안 된다는 것은
심장의 진동수가 떨어져
심생혈의 기능이 떨어져 있다는 것을 의미합니다.

혈액 순환이 잘 안 된다는 것은
심장의 진동수가 떨어져 인체 내 심혈관계에
자기장의 공급이 약해져 있다는 것을 의미합니다.

혈액 순환이 잘 안 된다는 것은
경락의 순환력 또한 약해져 있다는 것을 의미합니다.

경락의 순환이 잘 안 된다는 것은
경락 시스템에 공급되는 자기장이 약해져 있다는 것을 의미합니다.

경락의 순환이 잘 안 된다는 것은
경락의 순환을 주관하는
폐의 진동수가 떨어져 있다는 것을 의미합니다.

경락의 순환이 잘 안 된다는 것은
경락 안을 흐르는 빛의 진동수가 떨어져 있다는 것을 의미합니다.

혈액 순환이 잘되면 기가 잘 돌게 됩니다.
혈액 순환이 잘 안되면 기의 순환 역시 막혀서 돌지 않게 됩니다.

기가 잘 돌면 혈액의 순환도 잘 됩니다.
기가 막히면 혈액의 순환도 잘 안되게 됩니다.

혈액의 순환을 음의 순환이라 하고
기의 순환을 양의 순환이라 합니다.

음식물이 인체 내의 소화기관을 통과하면
분자 형태의 영양소와 기와 빛으로 분류됩니다.

음식물이 인체 내의 소화기관을 통해 형성된
분자 형태의 영양 덩어리들은 간과 심장의 작용을 통해
전신에 영양분을 공급하게 됩니다.

음식물이 인체 내의 소화기관을 통해 형성된 기와 빛의 입자들은
경락 시스템을 통해 세포에 공급됩니다.

경락마다 고유한 진동수가 있습니다.
경락마다 고유한 파장이 있습니다.
경락마다 고유한 색이 있습니다.
경락마다 수용할 수 있는 진동수의 범위가 있습니다.

경락은 음식물에서 흡수한 기의 입자가 흐르는 통로입니다.
경락은 음식물에서 흡수한 빛의 입자가 흐르는 통로입니다.

경락은 차크라의 빛이 흐르는 통로입니다.
경락은 하늘의 빛이 흐르는 통로입니다.
경락은 우주의 빛이 흐르는 통로입니다.

경락은 수렴성이 강한 음(陰)경락이 있습니다.
경락은 발산력이 강한 양(陽)경락이 있습니다.

경락마다 진동수가 다릅니다.
경락이 진동수가 떨어지면 흐름이 정체됩니다.

경락 안을 흐르고 있는 기의 입자의 진동수가 정상이면
정기(精氣)가 됩니다.
경락 안을 흐르는 기의 입자의 진동수가 떨어지면
탁기(濁氣)가 됩니다.

경락 안을 흐르는 빛의 입자의 진동수가 정상이면
정기(正氣)가 됩니다.
경락 안을 흐르는 빛의 입자의 진동수가 떨어지면
사기(邪氣)가 됩니다.

진동수가 떨어진 기는 인체에서는 탁기가 되고
진동수가 떨어진 빛은 인체에서는 사기가 됩니다.
진동수가 떨어진 사기와 탁기는
배수혈을 통해 몸 밖으로 배출됩니다.

진동수가 떨어진 탁기와 사기는 인체에서 배출되지 못하면
통증의 원인이 됩니다.
진동수가 떨어진 탁기와 사기는 인체에서 배출되지 못하면
염증의 원인이 됩니다.
진동수가 떨어진 탁기와 사기는 인체에서 배출되지 못하면
병의 원인이 됩니다.

진동수가 떨어진 하늘의 빛은 인체 내에서 적(積)이 됩니다.
진동수가 떨어진 하늘의 빛은 인체 내에서 취(聚)가 됩니다.
진동수가 떨어진 하늘의 빛은 인체 내에서 적취가 됩니다.
진동수가 떨어진 적취는 배수혈을 통해 몸 밖으로 배출됩니다.

진동수가 떨어진 적취는 인체 내에서 배출되지 못하고 쌓이게 되면
중증 질환이 발생합니다.
진동수가 떨어진 적취는 인체 내에서 배출되지 못하고 쌓이게 되면
불치병의 원인이 됩니다.
진동수가 떨어진 적취는 인체 내에서 배출되지 못하고 쌓이게 되면
난치병의 원인이 됩니다.

기록의 필요성이 있어
정리의 필요성이 있어
우데카 팀장이 이 글을 기록으로 남깁니다.

진동수와 비타민

곡식마다 고유한 파장을 가지고 있습니다.
곡식마다 고유한 진동수를 가지고 있습니다.
곡식마다 여러 개의 파장을 가진 영양성분으로 구성되어 있습니다.
곡식마다 여러 개의 진동수를 가진 영양성분으로 구성되어 있습니다.

채소마다 고유한 파장을 가지고 있습니다.
채소마다 고유한 진동수를 가지고 있습니다.
채소마다 여러 개의 파장을 가진 영양성분으로 구성되어 있습니다.
채소마다 여러 개의 진동수를 가진 영양성분으로 구성되어 있습니다.

과일마다 고유한 파장을 가지고 있습니다.
과일마다 고유한 진동수를 가지고 있습니다.
과일마다 여러 개의 파장을 가진 영양성분으로 구성되어 있습니다.
과일마다 여러 개의 진동수를 가진 영양성분으로 구성되어 있습니다.

약초마다 고유한 파장을 가지고 있습니다.
약초마다 고유한 진동수를 가지고 있습니다.
약초마다 여러 개의 파장을 가진 영양성분으로 구성되어 있습니다.
약초마다 여러 개의 진동수를 가진 영양성분으로 구성되어 있습니다.

곡식에 있는 영양성분 중에 진동수가 높은 것은 비타민입니다.

채소에 있는 영양성분 중에 진동수가 높은 것은 비타민입니다.
과일에 있는 영양성분 중에 진동수가 높은 것은 비타민입니다.
약초에 있는 영양성분 중에 진동수가 높은 것은 비타민입니다.

비타민은 영양성분 중에 진동수가 비교적 높습니다.
비타민은 인간의 몸에서 질병을 치유하는 치유능력이 있습니다.
비타민은 손상된 세포를 재생시키는 능력이 있습니다.
비타민은 생명체의 몸에서 면역력을 높이는 능력이 있습니다.

비타민 성분은 생명체에서 몸에 존재하는 가장 깊은 층위의
보이지 않는 세계에 영향을 줍니다.

비타민 성분은 생명체의 몸에서 기의 세계에 있는
경락의 순환과 경락 시스템에도 영향을 줄 만큼
높은 진동수를 가지고 있습니다.

비타민 성분은 생명체의 몸에서 손상된 세포나 조직이나
기관들을 재생하는데 탁월한 효과가 있습니다.

비타민 성분은 보이지 않는 세계인
색의 세계의 차원간 공간에 존재하는
손상된 무형의 기계장치들을 치유하는 능력이 있습니다.

비타민 성분은 보이지 않는 세계인
기의 세계의 차원간 공간에 존재하는

손상된 경락을 치유하고 재생시키는 능력이 있습니다.

비타민 성분은 떨어진 몸의 진동수를 높여주는 효과가 있습니다.
비타민 성분은 떨어진 신진대사 기능들을
향상시켜주는 기능이 있습니다.
비타민 성분은 떨어진 장부들의 기능들을
향상시켜주는 효과가 있습니다.

비타민의 종류마다 진동수가 다릅니다.
비타민의 종류마다 치유 효과가 다릅니다.
비타민의 종류마다 세포의 재생능력이 다릅니다.
비타민의 종류마다 생명체의 몸에서 작용하는 면역작용이 다릅니다.
비타민의 종류마다 생명체의 몸에서 작용하는 생리작용이 다릅니다.

비타민 C가 풍부한 곳에서는 암세포가 자라지 못합니다.
비타민 C가 풍부한 곳에서는 세포들의 생명력이 높습니다.
비타민 C가 풍부한 곳에서는 조직들의 생명력이 높습니다.
비타민 C가 풍부한 곳에서는 기관들의 생명력이 높습니다.

비타민 C가 풍부한 곳에서는 밝은 빛이 발산됩니다.
비타민 C가 풍부한 곳에서는 세포에서 빛이 발산됩니다.
비타민 C가 풍부한 곳에서는 조직에서 빛이 발산됩니다.
비타민 C가 풍부한 곳에서는 기관에서 빛이 발산됩니다.
비타민 C가 풍부한 곳에서는 생명체의 진동수가 높습니다.
비타민 C가 풍부한 곳에서는 세포의 진동수가 높습니다.

비타민 C가 풍부한 곳에서는 조직의 진동수가 높습니다.
비타민 C가 풍부한 곳에서는 장부의 진동수가 높습니다.

비타민 C가 풍부한 곳에서는 생명체의 의식이 높습니다.
비타민 C가 풍부한 곳에서는 세포의 의식이 높습니다.
비타민 C가 풍부한 곳에서는 조직의 의식이 높습니다.
비타민 C가 풍부한 곳에서는 장부의 의식이 높습니다.

비타민은 생명체의 소화기관에서 소화 흡수 과정을 거치게 되면
높은 진동수를 가진 빛으로 전환이 됩니다.

비타민은 생명체의 소화기관에서 소화 흡수 과정을 거치게 되면
높은 진동수를 가진 비타민일수록 밝은 빛으로 전환이 됩니다.

비타민마다 진동수가 다르기에
비타민마다 생리작용이 다릅니다.

비타민마다 빛의 밝기가 다르기에
비타민마다 치유 능력이 다르게 나타납니다.

비타민의 생리작용이 있기에
생명체는 항상성을 유지할 수 있습니다.
비타민의 약리작용이 있기에
생명체는 면역력을 유지할 수 있습니다.

비타민이 높은 진동수를 가지고 있기에
생명체의 몸에 밝은 빛을 공급할 수 있습니다.

비타민이 높은 진동수를 가지고 있기에
생명체의 몸에서 높은 수준의 치유 능력을 발휘할 수 있습니다.

비타민이 높은 진동수를 가지고 있기에
생명체의 몸에서 깊은 층위에 있는 무형의 기계장치들을
복원하고 재생시키는 효능이 있습니다.

진동수와 미래의 인류

물질의 세계에서
물질의 기본 단위는 원자이며
생명의 기본 단위는 세포입니다.

물질의 세계에서
물질의 기본 요소는 페르미온입니다.
서양과학에서는 원소입니다.

물질의 세계에서
물질의 기본 단위는 페르미아입니다.
이것이 서양과학에서는 원자입니다.
동양의학에서는 정(精)이라고 합니다.

비물질세계에서
비물질세계의 기본 단위는 음양입니다.
음양은 태극을 말합니다.
비물질세계에서 음양은 오행이 됩니다.

비물질세계에서
물질세계가 펼쳐졌습니다.
비물질의 세계를 관세음의 세계라 합니다.

관세음의 세계에서 물질세계가 펼쳐졌습니다.

세상 만물들은
창조주의 빛(의식)으로 탄생되었습니다.
창조주의 빛으로 탄생한 생명체들은
자신의 고유한 진동수를 가지고 있습니다.
생명체들은 진동을 통해 생명력을 발산하고 있습니다.

진동수가 높다는 것은
세포가 고진동을 한다는 것입니다.
진동수가 높다는 것은
세포의 생명력이 증가함을 의미합니다.
진동수가 높다는 것은
세포의 기능이 활성화됨을 의미합니다.
진동수가 높다는 것은
세포에 빛이 가득 차 있다는 것을 의미합니다.

진동수가 높아질수록
생명체의 의식이 높아집니다.
진동수가 높아질수록
생명체의 순환력은 빨라집니다.
진동수가 높아질수록
생명체의 대사작용이 높아집니다.
진동수가 높아질수록
생명체에서 빛의 효율이 좋아집니다.

진동수가 높아질수록
생명체의 진화가 빨라집니다.

지구 행성의 차원상승은
지구 행성의 진동수가 높아진다는 것입니다.
지구 행성의 차원상승은
지구 행성의 의식이 높아졌다는 것을 말합니다.
지구 행성의 차원상승은
지구 행성에 살고 있는 모든 생명체들의
진동수가 높아진다는 것을 의미합니다.
지구 행성의 차원상승은
지구 행성에 살고 있는 생명체들의
의식이 높아지고
의식이 확장된다는 것을 말합니다.

지구 행성의 차원상승 과정에서
인간의 몸의 진동수는 높아집니다.
인간의 몸의 진동수는 저절로 높아지지 않습니다.
인간의 몸의 진동수를 높이는 작업이
하늘에 의해
인간의 생명회로도의 업그레이드와
생명회로도 재조정을 통해 이루어질 것입니다.

지구 행성의 차원상승과 함께
지구 행성의 물리적 환경 또한 변하게 됩니다.

새롭게 태어난 지구 행성에서
인간의 몸의 진동수가 높아지면
다음과 같은 증상이 나타납니다.

- 에너지 대사 효율이 높아집니다.
  그 결과 음식의 섭취량이 30% 정도 감소됩니다.
  소식이 생활화될 것입니다.
  육식 섭취가 현저하게 줄어들게 될 것입니다.

- 에너지 대사 효율이 좋아지고
  생체 사이클이 늦어지면서
  세포의 노화가 더디게 일어납니다.
  인류의 의식이 깨어나는 속도에 비례하여
  인간의 평균 수명이 100살을 넘기 시작할 것이며
  최종적으로는 1000년 이상을 살게 될 것입니다.

- 진동수가 높아지고
  산소 농도가
  지금보다 약 1.5배 높아지고
  경락 시스템이
  지금보다 약 30% 이상 활성화되면서
  인간의 면역력이 높아집니다.
  면역력이 향상되면서
  질병의 70% 이상이 사라지게 됩니다.

- 세포에 빛이 차면서
  세포의 진동수가 높아지면서
  빛의 몸이 될 것입니다.
  빛의 시대가 열릴 것입니다.
  인류의 의식의 각성이 일어나게 될 것입니다.
  의식의 각성으로 인하여
  인간은 영적인 능력을 회복하게 될 것입니다.

- 진동수가 높아지며
  인간의 몸은 빛의 몸이 되며
  빛의 몸은 빛의 시대를 열게 할 것입니다.
  빛의 시대와 영성의 시대를 맞이하게 될 것입니다.
  빛의 시대와 영성의 시대는
  하늘과의 소통이 원활하게 이루어지고
  식물과 동물과의 대화가 되면서
  새로운 정신문명을 꽃피울 것입니다.

그렇게 될 것이며
그렇게 예정되어 있으며
그렇게 되었습니다.

제5부

인류가 모르는 기경십맥의 비밀

기경구맥인 양광맥과 기경십맥인 음광맥은
후천의 시대를 열기 위해 준비된 기경입니다.
양광맥과 음광맥은 고도로 발달한 정신문명을
인간의 몸을 통해 구현하기 위해 준비된 기경입니다.
양광맥과 음광맥은 새 하늘과 새 땅에서
땅으로 내려오신 창조주와 동행하게 될
신인류를 위해 준비된 기경입니다.

임맥(任脈)의 비밀

임맥은 가슴 차크라가 열릴 때 가장 많이 열리게 됩니다.
임맥이 열리면 가슴 차크라가 열리면서 희열을 경험하게 됩니다.
임맥이 닫히면 가슴 차크라와 감정선이 닫히면서
짙은 어둠을 경험하게 됩니다.

임맥에는 12개의 감정선이 설치되어 있습니다.
임맥은 반표반리층에 위치해 있습니다.
임맥이 위치한 층위를 기(氣)의 세계의 차원간 공간이라고 합니다.

임맥이 활성화될 때 깨달음과 견성이 일어납니다.
임맥이 활성화될 때 내면의 기쁨을 느끼게 됩니다.
임맥이 활성화될 때 내가 누구인지 알게 됩니다.

임맥에는 우주의 차원이 연결되어 있습니다.
임맥에는 우주의 차원의 문이 연결되어 있습니다.
임맥에는 우주의 차원간 공간이 연결되어 있습니다.

임맥이 열린다는 것은 차원의 문이 열린다는 것을 의미합니다.
임맥이 열린다는 것은 우주의 정보가 열린다는 것을 의미합니다.
임맥이 열린다는 것은 영적 능력이 발현된다는 것을 의미합니다.

임맥이 열린다는 것은 내 영혼이 깨어남을 의미합니다.

임맥이 열린다는 것은 사고조절자가 깨어남을 의미합니다.

임맥이 열린다는 것은 창조주 의식이 활성화됨을 의미합니다.

임맥은 공(空)의 세계와 색(色)의 세계를 이어주는 역할을 합니다.

임맥은 변화무쌍한 기의 세계와 연결되어 있습니다.

임맥은 몸에서 삼변정기(三變正氣)가 일어나는 통로 역할이 있습니다.

임맥이 열려 있기에 보이지 않는 세계와 연결되어 있습니다.

임맥이 열려 있기에 인간을 우주적 존재라고 하는 것입니다.

임맥이 열려 있기에 인간을 소우주라고 하는 것입니다.

임맥은 기경팔맥의 중심이자 대들보 역할이 있습니다.

임맥은 몸의 진동수를 높이는데 중요한 역할이 있습니다.

임맥은 음(陰)경락을 주관합니다.

임맥은 정보의 창입니다.

임맥은 양심이 일어나는 곳입니다.

임맥에는 정의감을 일으키는 센터가 있습니다.

임맥에는 영의 기억이 저장되어 있습니다.

임맥에는 과거의 기억이 저장되어 있습니다.

임맥에는 상념체들이 저장되어 있습니다.

임맥에는 기억보다 무서운 감정이 흐르고 있습니다.

임맥에는 의식보다 무서운 감정이 흐르고 있습니다.
임맥에는 상식보다 무서운 감정이 흐르고 있습니다.
임맥에는 정의보다 무서운 감정이 흐르고 있습니다.
임맥에는 진실보다 무서운 감정이 흐르고 있습니다.
임맥에는 진리보다 무서운 감정이 흐르고 있습니다.

임맥에는 인간의 감정선 12개가 연결되어 있습니다.
임맥에는 인간의 카르마 에너지가 흐르고 있습니다.
임맥에는 인간의 무의식 잠재의식 현재의식이 흐르고 있습니다.

임맥에는 감정의 매트릭스가 설치되어 있습니다.
임맥에는 인간의 성격을 결정하는 매트릭스가 설치되어 있습니다.
임맥은 인간의 의식을 구현하기 위한 중심축의 역할을 합니다.

임맥이 열린다는 것은 가슴 공명이 이루어짐을 의미합니다.
임맥이 열린다는 것은 7개 차크라가 활성화됨을 의미합니다.
임맥이 열린다는 것은 참나를 찾는다는 것을 의미합니다.

임맥이 닫혀있다는 것은 카르마를 해소하고 있다는 것입니다.
임맥이 닫혀있다는 것은 가슴이 아닌 머리로 살고 있다는 것입니다.
임맥이 닫혀있다는 것은
육신의 감옥에 갇혀 살고 있다는 것을 의미합니다.

새 하늘과 새 땅에서는
임맥이 지금보다 두배 이상 활성화될 것입니다.

현재 인류의 임맥의 활성도는 30%를 넘지 못하고 있습니다.

만인성불의 시대는 임맥의 시대입니다.
임맥은 최고 87%까지 활성화될 것입니다.
임맥의 활성도 89%는
부처님이 깨달음을 얻을 때의 임맥의 활성도입니다.

불로장생의 시대는 임맥의 시대입니다.
임맥의 시대는 차크라의 시대를 말합니다.
임맥의 시대는 가슴 차크라가 열리면서
가슴 공명을 통해 사는 세상을 말합니다.

창조주의 시대는 임맥의 시대입니다.
임맥의 시대는 창조주 의식이
지금보다 2배 이상 활성화되는 시대입니다.
임맥의 시대는 모든 인류가 임맥이 활성화되어
창조주와 동행하는 시대를 말합니다.

임맥에 대한 기록의 필요성이 있어
임맥에 대한 정리의 필요성이 있어
우데카 팀장이 이 글을 남깁니다.

독맥(督脈)의 비밀

독맥은 영혼의 신성함을 발산하고 있는 경락입니다.
독맥은 영혼마다 가지고 있는 독특한 파장을 발산하고 있습니다.
독맥은 7개의 의식선이 활성화되는 경락입니다.

독맥은 하늘의 정보가 내려오는 빛의 통로입니다.
독맥은 인간의 몸에서 빛을 관리하는 컨트롤 센터입니다.
독맥의 활성도는 백회 가동률로 측정할 수 있습니다.

독맥이 활성화되면 빛의 몸이 됩니다.
독맥이 활성화되면 몸의 진동수가 높아집니다.
독맥이 활성화되면 차크라와 경락들이 활성화됩니다.

독맥의 활성도가 떨어지면 몸의 진동수가 떨어지게 됩니다.
독맥의 활성도가 떨어지면 인지부조화의 삶을 살게 됩니다.
독맥의 활성도가 떨어지면 욕심과 욕망을 좇는 삶을 살게 됩니다.

독맥을 활성화시키는 에너지는
1번 양백줄을 통해 들어오는 창조주 의식입니다.
독맥이 활성화되면 양유맥과 양교맥이 활성화됩니다.
독맥이 활성화되면 몸 안의 차원간 공간들이 활성화됩니다.

독맥은 표층과 반표반리층과 리층에 흐르는 12경락들을
총체적으로 관리하는 컨트롤 타워의 역할이 있습니다.

독맥은 인체에 흐르는 모든 에너지들을
관리하고 감독하는 역할이 있습니다.

독맥은 위기(衛氣)와 영기(營氣)와 기경팔맥 뿐만 아니라
우주와 연결된 모든 에너지 라인들을
관리하고 통제하는 역할이 있습니다.

경혈은 우주와 연결된 차원의 문이 있는 곳을 말합니다.
경혈은 우주와 연결된 스타게이트들을 말합니다.
경혈은 인간의 몸에 연결된 다양한 차원의 문입니다.

독맥에는 다차원적이고 다층적인 차원의 문이 집결되어 있습니다.
독맥에는 우주적 신분과 관련된 차원의 문이 연결되어 있습니다.
독맥에는 영혼의 특징인 영의식이 가장 잘 나타나고 있습니다.

독맥은 인간의 의식을 주관하고 있습니다.
독맥은 기경십맥 중에 가장 중추적이고 핵심적인 기경입니다.

독맥에 있는 백회와 옥침관, 녹로관, 미려관은
장부가 다차원의 의식을 구현할 수 있도록 하는 차원의 문입니다.
독맥에 있는 옥침관, 녹로관, 미려관은
장부에 의식을 공급하는 정기의 통로입니다.

백회가 열리면서 하늘문이 열리게 됩니다.

하늘문이 열리면 독맥이 열리게 됩니다.

독맥이 열리면 차크라가 열리게 됩니다.

독맥이 열리고 차크라가 열리면 임맥이 열리게 됩니다.

독맥과 임맥이 동시에 열리면 소주천이 열리게 됩니다.

소주천이 열리고 기경십맥이 열리면 대주천이 열립니다.

소주천이 열리고 기경십맥이 열리면 성인과 진인이 됩니다.

독맥이 활성화될수록 다양한 의식을 구현할 수 있습니다.

독맥이 활성화될수록 다층적인 의식을 구현할 수 있습니다.

독맥이 활성화될수록 창조적인 의식을 구현할 수 있습니다.

독맥이 활성화될수록 영적인 능력이 발현됩니다.

독맥이 활성화될수록 차원의 벽을 넘어

사고조절자를 깨울 수 있습니다.

독맥이 활성화될수록 차원의 문을 넘어 영의식을 깨울 수 있습니다.

독맥은 인간의 노력에 의해 열리지 않습니다.

독맥은 기도와 수행으로 열리지 않습니다.

독맥은 창조주의 빛에 의해 열리게 됩니다.

독맥은 창조주의 의식으로 창조된 영이 의식을 발현하는 통로입니다.

독맥에 있는 차원간 공간을 통하여

모든 영은 창조주와 연결되어 있습니다.

독맥에 있는 차원간 공간이 열리면서
인간은 창조주의 의식과 공명할 수 있습니다.

후천의 시대에는 독맥이 지금보다 40% 이상 활성화될 것입니다.

후천의 시대에는 독맥에 있는 7개의 의식선이 9개로 확장되면서
고차원의 의식을 발현하게 될 것입니다.

후천의 시대에는 독맥이 지금보다 활성화되면서
고차원의 정신문명을 열게 될 것입니다.

후천의 시대에는 독맥이 활성화되면서
만인성불의 시대와 영성의 시대를 열게 될 것입니다.

후천의 시대에는 창조주의 양백의 빛이 지금보다 확대되면서
독맥의 시대가 열리게 될 것입니다.

후천의 시대에는 창조주의 양백의 빛이 지금보다 확대되면서
독맥이 활성화되면서 창조주 의식이 더 많이 활성화될 것입니다.

충맥(衝脈)의 비밀

충맥은 오장 육부의 바다입니다.
충맥은 기(氣)와 혈(血)의 바다입니다.
충맥은 기와 혈을 통솔하는 관제 센터입니다.

충맥은 거대한 자기장 생성 시스템입니다.
충맥의 작용에 의해 기가 돌면 혈이 돌게 됩니다.
충맥의 작용에 의해 혈이 돌면 기가 돌게 됩니다.

충맥은 인체 내에서
정기신(精氣神)의 에너지를 활성화시킵니다.
충맥은 인체 내에서
부조화된 정기신혈(精氣神血)의 에너지를 정렬시킵니다.
충맥은 얼굴에서 이목구비의 정렬에 관여합니다.

충맥은 인체 내에서 영혼백 에너지를 활성화시킵니다.
충맥은 인체 내에서 부조화된 영혼백 에너지를 정렬시킵니다.
충맥은 몸에서 영혼의 아우라를 발산시킵니다.

충맥은 갑상선포의 기능을 활성화시켜줍니다.
충맥은 전립선포의 기능을 활성화시켜줍니다.
충맥은 정기신을 생성하는 포의 훈증을 활성화시켜줍니다.

충맥은 기와 혈을 통솔하여 남성을 남성답게 합니다.
충맥은 기와 혈을 통솔하여 남성 호르몬의 분비를 주관합니다.
충맥은 기와 혈을 통솔하여 생명의 불꽃을 피우게 합니다.

충맥은 기와 혈을 통솔하여 여성을 여성답게 합니다.
충맥은 기와 혈을 통솔하여 여성 호르몬의 분비를 주관합니다.
충맥은 기와 혈을 통솔하여 꽃피는 자궁이 되게 합니다.

충맥은 기와 혈을 통솔하여 생식기능을 활성화시킵니다.
충맥은 기와 혈을 통솔하여 생명의 향기를 뿜어내게 합니다.
충맥은 기와 혈을 통솔하여 영혼의 향기를 뿜어내게 합니다.

충맥의 작용에 의해 기와 혈이 서로 상생작용을 일으킵니다.
충맥의 작용에 의해 기와 혈의 조화로움으로 인하여
강한 생명력으로 나타납니다.
충맥의 작용에 의해 기와 혈의 충만함으로 인하여
생식기능의 활성화로 나타납니다.

무거운 짐을 등에 지고 가는 사람은 지름길을 따라가게 됩니다.
무거운 등짐을 지고 가는 사람은
많은 에너지가 필요하게 됩니다.
무거운 등짐을 지고 가는 사람에게는
등짐의 무게만큼의 에너지가 필요한데
충맥이 기와 혈을 통솔하는 역할을 하게 됩니다.

충맥은 강한 자기장 공급 시스템을 통하여
경락을 흐르는 기의 진동수와 혈관속을 흐르는 혈액 사이의 진동수를
조절해주는 시스템입니다.
충맥은 12경락을 따라 흐르는 기와 혈관속을 흐르는 혈액 사이에
서로 다른 에너지들 사이의 조화와 균형을 조절해주는 시스템입니다.

충맥은 임맥을 중심으로 좌측과 우측으로 올라가며
강한 자기장과 빛을 공급하며 기와 혈을 통솔하게 됩니다.

임맥을 중심으로 좌측과 우측으로 올라간 충맥은
독맥의 옥침관과 임맥의 입까지 올라가며
얼굴 전체에 영향을 미칩니다.

임맥을 중심으로 좌측과 우측으로 올라간 충맥은
얼굴까지 영향을 미치고 다시 내려와
신궐(神闕)에서 대맥과 만나게 됩니다.

임맥을 중심으로 좌측으로 올라가는 충맥은
혈(血)을 통솔합니다.
임맥을 중심으로 우측으로 올라가는 충맥은
기(氣)를 통솔합니다.

충맥과 대맥이 신궐에서 만나면 충맥이 활성화됩니다.
충맥과 대맥이 신궐에서 만나면 대맥이 활성화됩니다.

선천의 시대에 충맥은 활성화되는 정도가 매우 미약했습니다.
선천의 시대에 충맥은
인류는 가슴 부위까지 부분적으로 활성화되었습니다.
선천의 시대에 창조적 소수의 인자들만이
얼굴까지 충맥이 활성화되었습니다.

후천의 시대에 충맥은 얼굴까지 모두 활성화될 것입니다.
후천의 시대에 충맥이 활성화되면서 생명력이 강화될 것입니다.
후천의 시대에 충맥이 활성화되면서 생식력이 강화될 것입니다.

새 하늘과 새 땅에서는 충맥이 지금보다 70% 이상 활성화되면서
천 년 이상을 살 수 있는 불로장수의 삶을 살게 될 것입니다.

새 하늘과 새 땅에서는 충맥이 지금보다 활성화되면서
천 년 이상을 살 수 있는 생명력을 유지하게 될 것입니다.

새 하늘과 새 땅에서는 충맥이 지금보다 활성화되면서
천 년 이상을 살아도 생식력을 유지하게 될 것입니다.

대맥(帶脈)의 비밀

대맥의 층위는 표층과 반표반리와 리층을 모두 흐릅니다.
대맥은 장문(章門)혈에서 시작하여
배꼽 높이에서 허리를 한 바퀴 돌아
전립선/자궁포로 들어갑니다.

대맥이 순환하는 모습을 위에서 보면
3개의 동심원이 보입니다
대맥은 순환하는 방향이 정해져 있지 않습니다.
대맥의 순환을 결정하는 것은 방향 조절장치에 결정됩니다.
대맥의 방향 조절장치는
인체의 균형을 유지하는 방향타 역할을 하고 있습니다.

대맥의 순환은 시계 방향과 반시계 방향으로
신체의 상황에 맞게 순환이 이루어집니다.
대맥의 순환이 한쪽 방향으로만 돌게 되면
좌우의 균형을 맞추기 어렵기 때문에
신체의 동작에 따라 대맥의 순환 방향이
즉각적으로 전환이 이루어집니다.

대맥은 경락 중 유일하게 가로로 흐르는 경락입니다.
대맥은 힘을 잘 쓰는 사람들이 발달되어 있습니다.

대맥은 세로로 흐르는 큰 통로들인 경맥들의 흐름을 잡아주고
경락들이 이탈되지 않도록 고무줄과 같은 탄력으로
묶어주는 역할이 있습니다.

대맥은 경락의 3사이클을 주관합니다.
대맥은 기혈(氣血)의 순환을 주관합니다.
대맥은 표리(表裏)의 순환을 주관합니다.

대맥은 음양(陰陽)의 순환을 주관합니다.
대맥은 한열(寒熱)의 순환을 주관합니다.
대맥은 조습(燥濕)의 순환을 주관합니다.

대맥은 12경락들의 주춧돌의 역할이 있습니다.
대맥은 12경락들의 어머니의 역할이 있습니다.
대맥은 12경락들의 활성도를 조절하는 역할이 있습니다.

대맥은 12경락의 속도를 조절할 수 있습니다.
대맥은 12경락의 강약을 조절할 수 있습니다.
대맥은 서로 다른 성질을 가진 12경락들 사이에
에너지의 충돌을 방지하고 있습니다.

대맥은 자오유주도의 빛을 활성화시켜 주는 역할이 있습니다.
대맥은 자오유주도의 빛을 경락으로 분배하는 역할이 있습니다.
대맥에는 자오유주도의 빛을 12경락으로 활성화시켜주는
정교한 센서 기능이 설치되어 있습니다.

대맥은 진동수가 떨어진 12경락에 자기장을 공급하여
경락의 순환력을 높여주는 역할이 있습니다.

대맥은 심장이 약한 사람에게 나타나는
심생혈(心生血)의 기능 저하를 보완하는 시스템입니다.

대맥은 진동수가 떨어진 12경락을 흐르는 사기와 탁기를
정기(正氣/精氣)로 전환시켜 경락에 다시 공급을 합니다.

대맥은 12경락에 빛을 공급하는 역할이 있습니다.
대맥의 순환 방향에 따라 12경락의 활성도가 달라집니다.
대맥은 단전에 축기가 잘 이루어지도록 하는 기능이 있습니다.

대맥은 인체가 낼 수 있는 파워를 결정합니다.
대맥은 인체의 운동 기능의 중심에 있습니다.
대맥이 발달하면 선천적으로 힘이 장사가 됩니다.

대맥이 발달하면 몸을 잘 쓰는 사람이 됩니다.
대맥이 발달하면 유연성이 발달하게 됩니다.
대맥은 근골격계의 진액의 순환에 관여합니다.

대맥이 발달하면 대장이 튼튼합니다.
대맥이 발달하면 머리가 좋은 사람이 됩니다.
대맥이 발달하면 한열기전이 발달하여 더위와 추위에 잘 견딥니다.

대맥이 발달하면 매사에 대장이 됩니다.
대맥이 발달하면 영적 능력이 발달됩니다.
대맥이 발달하면 신궐(神闕)에 많은 빛을 공급하여
사고조절자를 깨어나게 합니다.

대맥이 발달하지 못하면 몸치가 됩니다.
대맥이 발달하지 못하면 발목을 잘 다치게 됩니다.
대맥이 발달하지 못하면 평범한 사람으로 살게 됩니다.

영성의 시대에는 대맥의 관리 기능이 더 강화될 것입니다.
영성의 시대에는 대맥의 관제 기능이 더 강화될 것입니다.
영성의 시대에는 대맥이 지금보다 40% 이상 활성화될 것입니다.

새 하늘과 새 땅에서는 대맥의 기능이 활성화되면서
뇌의 기능들이 지금보다 활성화될 것입니다.

새 하늘과 새 땅에서는 대맥의 기능이 활성화되면서
자오유주도의 빛이 장부에 더 잘 공급되게 될 것입니다.

새 하늘과 새 땅에서는 대맥의 기능이 활성화되면서
제2의 심생혈의 기능이 강화될 것입니다.

양교맥(陽蹻脈)의 비밀

양교맥이 열리면 차력을 할 수 있게 됩니다.
양교맥이 열리면 축지법을 할 수 있게 됩니다.
양교맥이 열리면 단전에 핵이 형성되며
괴력을 쓸 수 있게 됩니다.

양교맥은 표층을 흐르고 있습니다.
양교맥은 표층에 있는 근육에 진액을 공급합니다.
양교맥이 발달하면 근육이 발달하게 됩니다.

양교맥이 열리면 머리가 좋아집니다.
양교맥이 열리면 뇌에 빛이 대규모로 공급됩니다.
양교맥이 열리면 뇌의 연산속도가 매우 빨라집니다.

양교맥이 열리면 순발력이 좋아집니다.
양교맥이 열리면 민첩성이 좋아집니다.
양교맥이 열리면 육체적인 능력이 좋아집니다.

양교맥이 열리면 몸으로 하는 운동을 잘합니다.
양교맥이 열리면 머리가 좋은 운동선수가 됩니다.
양교맥이 열리면 성공한 운동선수가 됩니다.

양교맥이 열리면 뇌가 2개 이상의 기능을
동시에 수행할 수 있습니다.
양교맥이 열리면 후두부 메타가 발달하게 됩니다.
양교맥이 열리면 깊은 층위의 사고가 이루어집니다.

양교맥은 족태양 방광경의 분지인 신맥(申脈)혈에서 시작됩니다.
양교맥은 족태양 방광경의 측면을 따라 흐르며
방광경의 보조역할을 합니다.

양교맥은 외사(外邪)로부터 신체를 보호하는
면역력과 관련이 있습니다.
양교맥이 발달된 사람은 일 년에 감기 한번 걸리지 않고
잔병치레 없이 아주 건강한 사람이라는 인상을 줍니다.

양교맥이 발달한 사람은 목소리가 좋습니다.
양교맥이 발달하면 신체에 미치는 영향이 6
머리에 미치는 영향이 4 정도로 영향을 주게 됩니다.

양교맥은 심포와 분지로 연결되어 있습니다.
양교맥은 전립선포와 분지로 연결되어있습니다.
양교맥은 자궁포와 분지로 연결되어 있습니다.
양교맥은 갑상선과 분지로 연결되어있습니다.
양교맥은 뇌에 연결되어 있습니다.
양교맥의 끝나는 지점에서 후두부 메타와 연결되어 있습니다.

창조주께서 땅으로 내려오신 후천의 시대에는
양교맥은 현재보다 40% 발달할 예정입니다.

창조주께서 땅으로 내려오신 후천의 시대에는
하늘에 의해 인간의 몸에서 양교맥이 발달하면서
인류의 지능은 지금보다 평균 2배 정도 좋아질 것입니다.

창조주께서 땅으로 내려오신 후천의 시대에는
하늘에 의해 인간의 몸에서 양교맥이 발달하면서
인류의 문명은 눈부시게 빠른 속도로 발전하게 될 것입니다.

창조주께서 땅으로 내려오신 후천의 시대에는
하늘에 의해 인간의 몸에서 양교맥이 열리면서
몸을 쓰는 것과 머리를 쓰는 것이 조화와 균형이 이루어지면서
물질문명의 기반 위에 화려한 정신문명이 꽃피게 될 것입니다.

기록의 필요성이 있어
정리의 필요성이 있어
우데카 팀장이 이 글을 기록으로 남깁니다

음교맥(陰蹻脈)의 비밀

음교맥은 족소음 신경의 갈래에서 시작됩니다.
음교맥이 발달하면 몸이 유연합니다.

음교맥은 영적 능력과 직접 연관되어 있습니다.
음교맥은 무속인들이 많이 열려있습니다.
음교맥이 활성화될수록 영험한 무속인이 됩니다.
음교맥이 활성화될수록 영적인 능력을 화려하게 펼칠 수 있습니다.

하늘에 의해 음교맥이 열려 하늘과 인간이 서로 소통하는 시대를
영성의 시대라고 합니다.
하늘에 의해 음교맥이 열려 하늘과 인간이 서로 동행하는 시대를
만인성불의 시대라고 합니다.

음교맥은 안쪽 복사뼈 밑에 있는 조해(照海)혈에서 시작하며
상행하여 하지의 내측을 지나갑니다.
허벅지의 내측을 지나 흉부의 안쪽에 있는 심포를 지나
쇄골의 위로 뻗어나가 목을 지나
얼굴의 안쪽 눈에 있는 정명(睛明)혈을 지나
인당(印堂)혈에서 끝납니다.
기존 의서에서는 정명혈에서 끝나는 것으로 되어있으나
실제로는 인당혈로 이어져 있음을 확인할 수 있습니다.

음교맥이 갑자기 열리면 귀신을 보게 됩니다.

음교맥이 갑자기 열리면 헛것이 보인다고 생각합니다.

음교맥이 갑자기 열리면 남들의 눈에는 보이지 않지만

나에게 형상이나 홀로그램이 보이게 됩니다.

음교맥이 갑자기 열리면 자기가 알고 있는 정보를 바탕으로 하는

형상이나 홀로그램이 보이기 시작합니다.

음교맥이 열린다는 것은

영적 능력이 발현되기 시작함을 의미합니다.

음교맥이 열린다는 것은

제3의 눈인 인당혈이 활성화된다는 것을 의미합니다.

음교맥이 열린다는 것은

천안통(天眼通)이 열린다는 것을 의미합니다.

음교맥이 열린다는 것은

하늘이 보여주는 화려한 형상을 본다는 것을 의미합니다.

음교맥이 열린다는 것은

타인의 마음을 읽을 수 있는

타심통(他心通)이 열린다는 것을 의미합니다.

음교맥이 열린다는 것은

천이통(天耳通)이 열린다는 것을 의미합니다.

음교맥이 열린다는 것은

타인들이 하는 소리를 엿들을 수 있는 능력을 말합니다.

음교맥이 열린다는 것은
오장 육부에 진액의 공급이 원활하게 이루어진다는 것을 의미합니다.

음교맥은 심포를 지나면서
심포의 기능을 활성화시켜 주는 기능이 있습니다.

모든 영적 능력이 시작되는 곳은 심포입니다.
모든 영적 능력은 하늘의 정보를 수신하는
심포에 있는 메타 의식구현 시스템이 활성화되면서 시작됩니다.

모든 영적 능력은
하늘의 정보를 수신하는 심포의 활성화와
하늘의 정보를 해석하는 해석기가 활성화되면서 발현됩니다.

음교맥은 우주의 정보를 수신하는 심포와
우주의 정보를 해석하는 무형의 기계장치인 해석기를
활성화시키는 역할이 있습니다.

음교맥이 활성화되지 않으면
인간은 빛 한 줄기 볼 수 없습니다.
음교맥이 활성화되지 않으면
인간은 형상 하나 볼 수 없습니다.
음교맥이 활성화되지 않으면
인간은 어떠한 영적 능력도 발휘할 수 없습니다.

음교맥이 활성화되어야

인간은 하늘과 소통할 수 있습니다.

음교맥이 활성화되어야

인간은 하늘의 소리를 들을 수 있습니다.

음교맥이 활성화되어야

인간은 하늘이 보여주는 형상을 볼 수 있습니다.

음교맥이 활성화되어야

인간은 하늘의 정보를 땅에 전달할 수 있습니다.

음교맥이 활성화되어야

인간은 신통과 도통을 펼칠 수 있습니다.

음교맥이 활성화되면서

세상에 없던 하늘의 에너지가 땅으로 펼쳐지게 됩니다.

음교맥은 반표반리층을 흐르고 있습니다.

음교맥은 주변에 있는 족소음 신경과 임맥을 활성화시켜 줍니다.

음교맥이 활성화되면

영적 능력의 향상에 70%

포의 훈증의 생리적 기능에 30%가 평소보다 활성화됩니다.

음교맥이 활성화되면 진액순환이 증가하게 됩니다.

음교맥이 활성화되면 진액순환이 잘되어

피부가 부드럽고 신체 기능이 유연하게 됩니다.

음교맥이 활성화되면 장부의 기능이 활성화되면서

면역력이 증가하게 됩니다

음교맥이 활성화되면 남성은 전립선을 활성화시켜 줍니다.

음교맥이 활성화되면 여성은 자궁이 활성화됩니다.

음교맥이 활성화되려면 회음 차크라가 활성화되어야 합니다.

음교맥은 인간의 의지로는 열리지 않습니다.

미래에는 음교맥을 비롯한 기경들을 열기 위한

새로운 수행법들이 하늘로부터 전해질 것입니다.

창조주께서 땅으로 내려오신 후천의 시대에는

음교맥이 하늘에 의해 지금보다 약 40% 이상 활성화되면서

하늘과 인간이 서로 자연스럽게 소통하는 시대가 될 것입니다.

창조주께서 땅으로 내려오신 후천의 시대에는

음교맥이 하늘에 의해 지금보다 약 40% 이상 활성화되면서

하늘과 인간이 서로 자연스럽게 소통하며 동행하는

만인성불의 시대가 될 것입니다.

기록의 필요성이 있어

정리의 필요성이 있어

우데카 팀장이 이 글을 기록으로 남깁니다.

양유맥(陽維脈)의 비밀

양유맥은 표층에 빛을 공급하는 역할이 있습니다.
음유맥은 리층에 빛을 공급하는 역할이 있습니다.

음유맥은 몸의 열을 식혀주는 라디에이터 역할을 합니다.
양유맥은 심장박동을 증가시켜 체온을 올려주는 역할을 합니다.
양유맥은 신체 대사활동을 높여줍니다.
양유맥은 창조활동을 높여줍니다.

음유맥은 인체 내에서 부교감신경의 역할을 합니다.
양유맥은 인체 내에서 교감신경의 역할을 합니다.

양유맥은 인체 내에서 진액의 순환에 관여하고 있습니다.
양유맥은 인체 내에서 진액의 순환에 가장 많은 영향을 미칩니다.
양유맥은 인체 내에서 위기(衛氣)의 순환에 관여하고 있습니다.

양유맥은 인체의 표층에 에너지를 공급하고 있습니다.
양유맥은 그물과 같은 경락의 구조들로 구성되어 있으며
인체에 엄청난 양의 에너지를 공급할 수 있다는 특징이 있습니다.
양유맥은 인체의 경락 중에서
에너지 대사의 핵심적 위치를 차지하고 있습니다.

하늘은 음유맥과 양유맥을 통하여
인간의 몸에 빛의 공급을 관리해 왔습니다.
하늘은 음유맥과 양유맥을 통하여
백회 가동률과 차크라 가동률과 더불어
경락의 가동률을 관리해 왔습니다.

음유맥은 장부와 메타 의식구현 시스템과
우주의 정보의 발현과 관련된 영적 능력을 주관하고 있습니다.
양유맥은 신체활동, 괴력, 차력, 기감, 음감, 오감과 육감의 영역,
감각적인 차원에서 발현되는 영적 능력과 관련이 있습니다.

진정한 영적 능력이 발현되기 위해서는
음유맥과 양유맥 모두가 활성화되어야 합니다.
진정한 영적 능력이 발현되기 위해서는
가장 깊은 공(空)의 세계 층위부터 표층의 색(色)의 세계까지
빛이 원활히 공급되어야 합니다.

하늘은 음유맥과 양유맥의 발현을 조절하여
하늘의 정보를 땅에 전달해 왔습니다.
하늘은 음유맥과 양유맥의 발현을 조절하여
수많은 학문과 예술작품, 땅의 문명을 펼치는 게임 체인저들의
영적 능력을 관리해 왔습니다.

양유맥이 발달하면 감각기관이 발달하게 됩니다.
양유맥이 발달하면 청각, 절대음감, 음악적 감각이 발달합니다.

양유맥이 발달하면 하늘의 소리를 듣는 천이통이 열리게 됩니다.

양유맥이 발달하면 천안통(형상)이 열리게 됩니다.

양유맥이 발달하면 시각적 감각과 센스, 눈썰미 등이 발달하게 됩니다.

양유맥이 발달하면 본능적인 직관이 발달하게 됩니다.

양유맥이 발달하면 촉이 좋은 사람이 됩니다.

양유맥이 발달하면 기감이 발달하게 됩니다.

양유맥이 발달하면 신체의 무형의 감각 센서들이
예민하게 작동할 수 있게 되기 때문입니다.

양유맥이 발달하면 무속인들이 작두를 타고,
빙의를 하고, 죽은 사람들의 다양한 목소리를 낼 수 있습니다.

양유맥이 발달하면 하늘의 소리를 듣는
채널러들의 영적 능력이 뛰어나게 됩니다.

양유맥에서 나온 수많은 분지들이 위기(衛氣)의 순환을 돕고 있으며
땀구멍의 개폐에도 관여하고 있습니다.

양유맥은 삼포(심포, 자궁/전립선, 갑상선)에 연결되어 있습니다.

양유맥은 삼초(三焦) 순환이 잘 이루어지도록 하고 있습니다.

양유맥의 수많은 분지들이 뻗어나와
뇌와 감각기관들이 서로 연결되어 있습니다.

양유맥의 활성화를 통하여
불치병과 난치병의 치유가 이루어질 것입니다.

양유맥의 활성화를 통하여 의통의 능력이 주어질 것입니다.

양유맥의 활성화를 통하여 하늘과의 소통이 시작될 것입니다.

양유맥의 활성화를 통하여 하늘과의 동행이 시작될 것입니다.

양유맥의 활성화를 통하여 인간의 영적 능력이 발현될 것입니다.

양유맥의 활성화를 통하여 만인성불의 시대가 펼쳐질 것입니다.

시절인연이 되어

시절인연이 있는 인자들에게

대우주의 비밀을 전합니다.

음유맥(陰維脈)의 비밀

음유맥이 활성화되면
제3의 눈인 인당(印堂)을 활성화시킵니다.
음유맥이 활성화되면
영안(靈眼)이 열리게 됩니다.

음유맥이 활성화될 때
우주의 정보가 활성화됩니다.
음유맥이 활성화될 때
영혼이 창조주로부터 부여받은 사고조절자가 깨어나게 됩니다.

음유맥이 활성화되면
문명 체인저의 역할이 있는 역할자들의
영적 능력이 발현되기 시작합니다.
음유맥이 활성화되면
게임 체인저의 역할이 있는 역할자들의
영적 능력이 발현되기 시작합니다.

음유맥은 행성에 하늘의 정보를 운반하기로 예정된
정보 전달자들의 영적 능력의 발현을 위해
꼭 필요한 경락입니다.

음유맥이 활성화되어야
예술가들의 높은 예술성이 발현됩니다.
음유맥이 활성화되어야
천상의 거장들이 하늘의 정보를 땅에서 펼칠 수 있습니다.
음유맥이 활성화되어야
철학자 그룹들의 사고조절자가 깨어납니다.
음유맥이 활성화되어야
과학자 그룹들의 사고조절자가 깨어납니다.
음유맥이 활성화되어야
전문가 그룹들의 사고조절자가 깨어납니다.

음유맥이 발달한 사람은 오감이 발달하게 됩니다.
음유맥이 발달한 사람은 감성적인 사람이 됩니다.

음유맥이 발달한 사람은 음악적인 재능이 있습니다.
음유맥이 발달한 사람은 청각기능이 발달해 있습니다.

음유맥이 발달한 사람은 목소리가 매력적입니다.
음유맥이 발달한 사람은 말을 잘합니다.

음유맥이 발달한 사람은 오르가즘을 잘 느낍니다.
음유맥이 발달한 사람은 성적인 매력을 발산합니다.

음유맥이 발달한 사람은 갑상선의 기능이 좋습니다.
음유맥이 발달한 사람은 전립선/자궁포 기능이 좋습니다.

음유맥은 인류에게 아직은 알려지지 않은
9번째와 10번째의 기경을 활성화시키는 역할이 있습니다.

음유맥은 복강에 있는 장부에 빛을 공급합니다.
음유맥은 흉강에 있는 폐에 빛을 공급하는 역할이 있습니다.

음유맥에 흐르는 에너지는 바람의 에너지입니다.
음유맥에 흐르는 에너지는 궐음풍목(厥陰風木)입니다.
음유맥은 생명체가 잠을 잘 때 잘 흐르는 특징이 있습니다.
음유맥은 생명체가 잠을 잘 때 지친 세포들을 회복시켜주는
바람의 에너지가 공급되고 있는 하늘의 빛의 통로입니다.

음유맥이 활성화되면 잠을 자지 않더라도
바람의 에너지가 대량으로 전신에 공급되게 됩니다.
음유맥이 활성화되면 잠깐 잠깐씩 졸게 되거나
멍때리는 증상이 나타납니다.

음유맥은 자동차의 엔진의 열을 식히는
라디에이터의 역할을 하는 중요한 경락입니다.
음유맥이 활성화되면 궐음풍목의 에너지가 전신을 돌면서
장부와 세포들에게 생기를 공급하게 됩니다.

음유맥을 통해 인간은 하늘의 에너지를 공급받고 있습니다.
음유맥을 통해 공급받는 바람의 에너지는
생명체에게 생기와 활력을 불어 넣어주고 있습니다.

음유맥을 통해 공급받는 궐음풍목의 바람의 에너지는
생명체에게 주는 창조주의 에너지입니다.
이것을 간장혈(肝藏血)이라고 합니다.

음유맥을 활성화시킬 수 있는 혈자리는 내관(內關)혈입니다.
내관혈에 침이나 뜸을 놓았을 때
음유맥이 활성화되는 정도는 매우 미약하며
하늘의 빛이 있어야 영적 능력을 발휘할 수 있을 만큼
음유맥이 활성화됩니다.

후천의 시대에
인간의 몸에는 영적 능력을 지원하기 위해
많은 무형의 기계장치들이 추가적으로 설치될 예정입니다.
이때 발생하는 많은 열을 식혀줄 음유맥이
지금보다 약 60% 정도 추가로 활성화될 예정입니다.

만인성불의 시대에는
하늘과 인간과의 원활한 소통을 위해
영적 능력이 활성화되는 시기입니다.
이때 발생하는 열을 식혀주고
장부에 바람의 에너지를 공급해줄 음유맥이
지금보다 활성화될 수밖에 없습니다.

영성의 시대는
본영과의 합일이 이루어지는 인신합일의 시대입니다.

인신합일의 시대는
하늘과 인간이 서로 동행하는 시대를 말합니다.

인신합일의 시대에는 인간의 몸을 통하여
수많은 영적인 능력들이 만개하는 시기입니다.
인신합일과 신인합일의 시대를 열기 위해
음유맥의 역할이 확대가 될 것입니다.

기록의 필요성이 있어
정리의 필요성이 있어
우데카 팀장이 이 글을 남깁니다.

기경구맥 양광맥(陽光脈)의 비밀

호모 사피엔스의 몸은 카르마를 해소하기 위해 창조되었습니다.
호모 사피엔스의 몸은 영의 교정을 하기 위해 창조되었습니다.
호모 사피엔스의 몸은 영의 조물을 하기 위해 창조되었습니다.

호모 아라핫투스의 몸은 높은 의식을 구현시킬 수 있는 몸입니다.
호모 아라핫투스의 몸은 육신의 옷을 입은 창조주와
동행할 수 있도록 하기 위해 창조되었습니다.

기경구맥인 양광맥과
기경십맥인 음광맥을 통해 들어오는 광자대의 빛은
영혼의 특성과 모순을 동시에 빨리 드러나게 합니다.

양광맥과 음광맥은 물질 체험을 하는 영혼들의 의식의 축이
과도하게 무너지는 것을 막는 역할을 하게 될 것입니다.

양광맥과 음광맥은 물질 체험을 하는 영혼들이
물질세계에 빠르게 적응할 수 있게 하는 기경이 될 것입니다.

양광맥과 음광맥은 물질 체험을 하는 영혼들의
고단함을 달래줄 수 있는 기경이 될 것입니다.

양광맥과 음광맥은 지상의 파라다이스를 건설하기 위해
창조주께서 영혼들을 위해 준비한 최고의 선물이 될 것입니다.

양광맥은 경락의 표층을 흐르고
음광맥은 리층을 흐르면서
처음과 끝이 하나가 되게 하고
표층과 리층에 흐르는 양극성의 에너지를 포용하고 화합하며
균형을 잡아주는 역할을 하게 됩니다.

양광맥은 후천의 시대를 열기 위해 준비한 기경입니다.
양광맥은 광자대의 빛 중 (+)영역을 활성화시키는 기경입니다.
양광맥은 신체 자기장을 생성하여
기경(奇經)이나 정경(正經)들을 활성화시켜주는 역할을 합니다.

양광맥과 음광맥은 후천의 시대를 열기 위해 준비한 기경입니다.

양광맥과 음광맥은 고도로 발달한 정신문명의 시대를
인간의 몸을 통해 구현하기 위해 준비된 기경입니다.

양광맥과 음광맥은 새 하늘과 새 땅에서
땅으로 내려오신 창조주와 동행할 신인류를 위해 준비된 기경입니다.

양광맥과 음광맥은 의식을 깨우는 광자대의 빛이 흐르는
아홉번째와 열번째 기경을 말합니다.

양광맥은 호모 아라핫투스(*Homo arahattus*) 몸에 흐르게 될
아홉번째 기경을 말합니다.

양광맥은 몸의 진동수를 높이고 생명회로도를 활성화시켜
불로불사와 불로장생에 꼭 필요한 기경입니다.

양광맥이 활성화됨에 따라
인체 내에서 빛의 효율이 높아지고
면역력과 생명력이 증가됩니다.

양광맥이 활성화됨에 따라
육체적인 힘을 강력하게 쓸 수 있게 됩니다.

양광맥은 몸의 진동수를 높이고
더 높은 수준의 의식과 생명력을 고양시키기 위해 창조된 기경입니다.

양광맥은 후천의 시대에 진동수가 높은 광자대의 빛을 받는
생명체들의 전체의식을 강화하기 위해 창조되었습니다.

양광맥은 전체의식속에서
육신의 옷을 입고 땅으로 내려오신 창조주를 향한
충과 순종을 강화하기 위해 창조되었습니다.

양광맥은 지축의 정립 이후에 얼음천공이 가동되면서
호모 아라핫투스 모델부터 가동이 될 것입니다.

양광맥은 새 하늘과 새 땅에서 고도의 의식을 구현하면서도
효율적으로 빛 에너지를 사용하기 위해 창조되었습니다.

양광맥은 새 하늘과 새 땅에서 음식을 적게 먹으면서도
더 높은 생명력을 발산하도록 하는 역할을 하게 될 것입니다.

양광맥은 새 하늘과 새 땅에서
건강한 신체에 건강한 정신이 깃들 수 있게 하는 역할이 있습니다.

양광맥의 유주도는 다음과 같습니다.

발뒤꿈치(실면失眠혈)에서 출발하여 수직 상승합니다.
음곡(陰谷)혈을 지나 하료혈과 백환수혈의 중점에 도달하면
방광경 1선 안쪽 0.2~0.3촌을 따라 올라갑니다.
천주(天柱)혈에서 다시 방광경과 합하여 승광(承光)혈까지 흐릅니다.
그 뒤에는 두임읍(頭臨泣)혈로 가서 담경과 함께 흐르며
양백(陽白)혈에서 끝납니다.

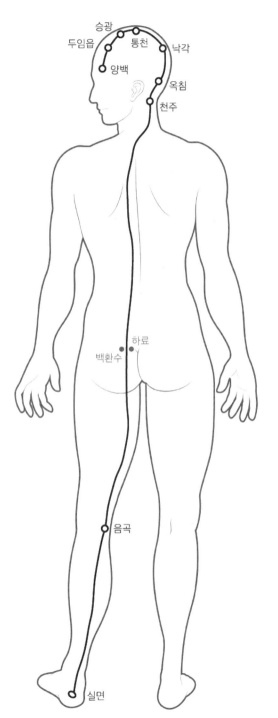

승광
두임읍　통천　낙각
양백　옥침
천주

하료
백환수

음곡

실면

기경십맥 음광맥(陰光脈)의 비밀

호모 사피엔스의 몸은 카르마를 해소하기 위해 창조되었습니다.
호모 사피엔스의 몸은 영의 교정을 하기 위해 창조되었습니다.
호모 사피엔스의 몸은 영의 조물을 하기 위해 창조되었습니다.

호모 아라핫투스의 몸은 높은 의식을 구현시킬 수 있는 몸입니다.
호모 아라핫투스의 몸은 육신의 옷을 입은 창조주와
동행할 수 있도록 하기 위해 창조되었습니다.

기경구맥인 양광맥과
기경십맥인 음광맥을 통해 들어오는 광자대의 빛은
영혼의 특성과 모순을 동시에 빨리 드러나게 합니다.

음광맥과 양광맥은 물질 체험을 하는 영혼들의 의식의 축이
과도하게 무너지는 것을 막는 역할을 하게 될 것입니다.

음광맥과 양광맥은 물질 체험을 하는 영혼들이
물질세계에 빠르게 적응할 수 있게 하는 기경이 될 것입니다.

음광맥과 양광맥은 물질 체험을 하는 영혼들의
고단함을 달래줄 수 있는 기경이 될 것입니다.

음광맥과 양광맥은 지상의 파라다이스를 건설하기 위해
창조주께서 영혼들을 위해 준비한 최고의 선물이 될 것입니다.

음광맥은 경락의 깊은 층을 흐르고 양광맥은 표층을 흐르면서
처음과 끝이 하나가 되게 하고
표층과 리층에 흐르는 양극성의 에너지를 포용하고 화합하며
균형을 잡아주는 역할을 하게 됩니다.

음광맥은 후천의 시대를 열기 위해 준비한 기경입니다.
음광맥은 광자대의 빛 중 (-) 영역을 활성화시키는 경락입니다.
음광맥은 신체 자기장을 생성하여
기경이나 정경들을 활성화시켜주는 역할을 합니다.

음광맥은 고도로 발달한 정신문명의 시대를
인간의 몸을 통해 구현하기 위해 준비된 기경입니다.
음광맥은 지축의 정립 후 새 하늘과 새 땅에서
땅으로 내려오신 창조주와 동행할 신인류를 위해 준비된 기경입니다.

음광맥은 지축의 정립 후 새 하늘과 새 땅에서
의식을 깨우는 광자대의 빛이 흐르는 열번째 기경을 말합니다.
음광맥은 지축의 정립 후 새 하늘과 새 땅에서
호모 아라핫투스 몸에 흐르게 될 열번째 기경을 말합니다.
음광맥은 지축의 정립 이후에 얼음천공이 가동이 되면서
호모 아라핫투스 모델에서부터 가동이 될 것입니다.

음광맥은 후천의 시대에
백회(百會)로 들어오는 창조주 의식의 발현값이 커짐에 따라
높은 의식을 인간의 몸에서 구현하기 위해 창조된 기경입니다.

음광맥은 우주 공학적인 창조 활동을 활성화시키는 기경입니다.
음광맥은 영혼의 고유성과 개별성을 확대시켜주는 기경입니다.
음광맥은 생명체들의 창조 활동을 활발하게 하는 역할을 합니다.

음광맥은 사고조절자들을 깨워서
영혼의 특성에 맞는 창조 활동을 활성화시키는 역할이 있습니다.
음광맥은 특수한 사고조절자를 깨우는 역할이 있습니다.
음광맥은 영들의 영의식을 깨우고
확장시키는 역할을 하게 될 것입니다.
음광맥은 고도로 발달한 정신문명을 열기 위해
새롭게 준비된 기경입니다.

음광맥의 유주도는 다음과 같습니다.

행간(行間)혈에서 출발하여 조해(照海)를 지나
발목 내측 신경(腎經)이 돌아흐르는 지점의 정중앙점에서 직승합니다.
음릉천(陰陵泉)을 지나 몸통 부위에서는
족소음 신경에서 0.1~0.2촌 외측으로 흐릅니다.
인영(人迎)혈과 만나 계속 올라갑니다.
지창(地倉)혈에서 위경과 함께 올라가
눈썹뼈 밑부분(어요혈 부근)에서 끝납니다.

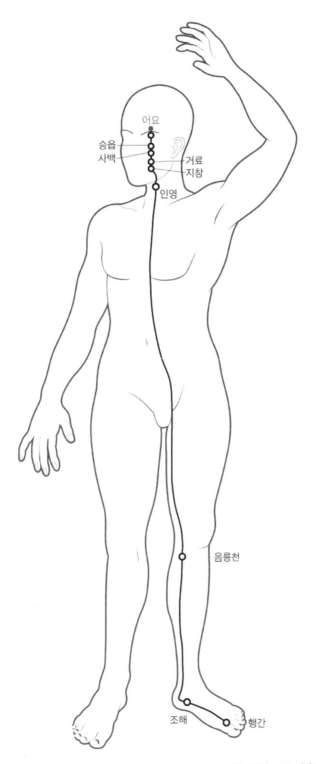

어요

승읍

사백

거료

지창

인영

음릉천

조해

행간

경락과 경혈 리딩 프로그램을 시작하며

기하학을 모르는 사람과는 철학을 논하지 마라

경락을 모르는 사람과는 보이지 않는 세계를 논하지 마라

보이지 않는 세계는 믿음으로 존재하는 세계가 아닙니다.

보이지 않는 세계는 신념으로 존재하는 세계가 아닙니다.

보이지 않는 세계는 원리로 존재하는 세계입니다.

보이지 않는 세계는 원형으로 존재하는 세계입니다.

보이지 않는 세계는 차원으로 존재하는 세계입니다.

보이지 않는 세계는 차원간 공간으로 존재하는 세계입니다.

보이지 않는 세계는 다차원으로 존재하는 세계입니다.

보이지 않는 세계는 다층적으로 존재하는 세계입니다.

보이지 않는 세계의 정점에 창조주의 의식이 있습니다.

보이지 않는 세계는 에너지의 세계입니다.

보이지 않는 세계는 에너지의 수렴과 발산을 통해 일합니다.
보이지 않는 세계는 에너지의 전환과 변환이 이루어집니다.

보이지 않는 세계는 공의 세계와 기의 세계와
색의 세계로 이루어져 있습니다.

보이지 않는 세계와
보이는 세계는 서로 연결되어 있습니다.
보이지 않는 세계가 있기에
눈에 보이는 세계가 펼쳐질 수 있습니다.

보이지 않는 세계가 다차원적일수록
눈에 보이는 세계의 화려함이 펼쳐질 수 있습니다.
보이지 않는 세계가 복잡하면 복잡할수록
눈에 보이는 세계가 삼라만상으로 펼쳐질 수 있는 것입니다.

인간의 몸을 소우주라고 하는 이유는
인간의 몸에는 우주의 모든 차원간 공간이
모두 연결되어 있기 때문입니다.

인간이 만물의 영장이라고 하는 이유는
인간이 만물의 영장이 될 수 있을 만큼

눈에 보이지 않는 세계에서 고도의 의식을 구현할 수 있는
시스템들이 가동되고 있기 때문입니다.

빛샘 TV 경락 리딩을 통하여
인류는 보이지 않는 세계에 비로소 눈을 뜨게 될 것입니다.

빛샘 TV 경락 리딩을 통하여
인류는 인간의 몸이 왜 소우주인지 확인할 수 있을 것입니다.

빛샘 TV 경락 리딩을 통하여
인류는 새로운 의학에 눈을 뜨게 될 것입니다.

빛샘 TV 경락 리딩을 통하여
인류는 생명창조의 원리에 대해 눈을 뜨게 될 것입니다.

빛샘 TV 경락 리딩을 통하여
인류는 이적과 기적이 일어나는 원리를 이해하게 될 것입니다.

빛샘 TV 경락 리딩을 통하여
인류는 불로불사와 불로장생의 비밀을 이해하게 될 것입니다.

빛생 TV 경혈 리딩을 통하여
인류는 인체의 비밀을 새롭게 이해하게 될 것입니다.

빛생 TV 경혈 리딩을 통하여
인체에 흐르는 에너지의 법칙을 이해하게 될 것입니다.

빛생 TV 경혈 리딩을 통하여
인간을 바라보는 새로운 관점이 생겨나게 될 것입니다.

빛생 TV 경혈 리딩을 통하여
인류의 의식은 급속도로 깨어나게 될 것입니다.

빛생 TV 경혈 리딩을 통하여
새 하늘과 새 땅에 꼭 필요한 의료 매트릭스들을
자연스럽게 받아들이게 될 것입니다.

인류의 건승을 빕니다.

하늘이 인간의 몸을
직접 치유한다는 것이 갖는 의미

하늘이 인간의 몸을 직접 치유한다는 것은
창조주께서 인간의 몸을
직접 치유한다는 것을 의미합니다.

하늘이 인간의 몸을 직접 치유한다는 것은
창조주의 권능이 땅에서
직접 펼쳐진다는 것을 의미합니다.

하늘이 인간의 몸을 직접 치유한다는 것은
선천의 하늘이 끝나고
후천의 하늘이 시작되고 있다는 것을 의미합니다.

하늘이 인간의 몸을 직접 치유한다는 것은
창조주의 시대가 시작되었음을 의미합니다.

하늘이 인간의 몸을 직접 치유한다는 것은
마지막 때의 환란이 시작되었음을 의미하며
병 치유의 이적과 기적의 시대가 시작되었다는 것을 의미합니다.

하늘이 인간의 몸을 직접 치유한다는 것은
새 하늘과 새 땅에 필요한
새로운 의료 매트릭스가 시작된다는 것을 의미합니다.

하늘이 인간의 몸을 직접 치유한다는 것은
새 하늘과 새 땅에서 펼쳐질 불로불사와 무병장수의 시대인
생명진리의 시대가 시작되었다는 것을 말합니다.

하늘이 인간의 몸을 직접 치유한다는 것은
새 하늘과 새 땅에서 펼쳐질
만인성불의 시대가 시작되었다는 것을 의미합니다.

하늘이 인간의 몸을 직접 치유한다는 것은
의통의 시대가 시작되었다는 것을 의미합니다.

하늘이 인간의 몸을 직접 치유한다는 것은
창조주와 인간의 동행이 시작되었다는 것을 의미합니다.

하늘이 인간의 몸을 직접 치유한다는 것은
하늘과 인간의 동행이 시작되었다는 것을 의미합니다.

하늘이 인간의 몸을 직접 치유한다는 것은
천사들과 인간의 동행이 시작되었다는 것을 의미합니다.

하늘이 인간의 몸을 직접 치유한다는 것은
창조주의 사랑으로
영혼들의 죄가 씻겨져 나간다는 것을 의미합니다.

하늘이 인간의 몸을 직접 치유한다는 것은
창조주의 사랑으로
영혼들의 카르마가 해소된다는 것을 의미합니다.

하늘이 인간의 몸을 직접 치유한다는 것은
창조주의 사랑으로
아픈 영혼들이 치유된다는 것을 의미합니다.

하늘이 인간의 몸을 직접 치유한다는 것은
창조주의 사랑으로
인간의 몸과 마음이 치유되고
영적으로 거듭남을 의미합니다.

하늘이 인간의 몸을 직접 치유한다는 것은
사랑을 잃어버린 인류가 사랑을 회복하여
창조주의 품으로 돌아올 수 있다는 것을 의미합니다.

눈 있는 자는
하늘의 권능을 보게 될 것이며

귀 있는 자는
하늘의 권능을 듣게 될 것입니다.

눈 먼 자들은
하늘의 권능을 보고도 못 본 척 할 것이며
귀 먼 자들은
하늘의 권능을 듣고도 못 들은 척 할 것이라

하늘의 시절인연이 있는 인자들만이
창조주께서 땅으로 내려왔음을
눈으로 보고 귀로 듣게 될 것입니다.

하늘의 사랑이 하늘의 축복이
이 글을 읽는 모든 이에게 함께하기를 바랍니다.

2021년 10월
우데카

의통의 시대를 시작하며

2023년 2월 1일 초판 1쇄 인쇄
2023년 2월 6일 초판 1쇄 펴냄

지은이 | 우데카
펴낸이 | 가이아

펴낸곳 | 빛의 생명나무
등   록 | 2015년 8월 11일 제 2015-000028호
주   소 | 충북 청주시 청원구 직지대로 855 2층
전   화 | 043-223-7321
팩   스 | 043-223-7771

ISBN 979-11-89980-16-0 03200
• 잘못된 책은 바꾸어 드립니다.   • 책값은 뒤표지에 있습니다.